敦煌佛教圖像研究
下冊

王惠民　著

目次

下冊

天請問經變

　　貞觀十九年（645），玄奘結束長達十八年之久的西域求法活動，回到長安。在隨後的二十年間，他譯經「總七十五部，一千三百三十五卷」[1]，《天請問經》即是其所譯諸經之一。關於該經譯出時間，（唐）智升《開元釋教錄》卷八記載：「《天請問經》一卷。見《內典錄》。貞觀二十二年三月二十日於弘福寺翻經院譯，沙門辨機筆受。」（唐）圓照《貞元釋教錄》卷一一沿用此說。按：辨機筆受一說有誤，敦煌資料提到智仁筆受，可信（詳後文）。（唐）道宣《大唐內典錄》未載譯出時間。

　　《天請問經》很短，約六百字，可謂言簡意賅。敦煌壁畫上有該經變相三十七鋪，敦煌遺書中有該經寫本二十多件、經變榜題底稿三件和久已失傳的經疏三件，頗為珍貴。本文擬對該經及其經疏、經變、經變榜題底稿作一考察。

1　靖邁：《古今譯經圖紀》卷四。

一　關於《天請問經》「頗涉小宗」問題

　　《開元釋教錄》卷一三論及《天請問經》時解釋説：「右《賢者五福》《天請問》二經，《大周》等錄皆編大乘經中，今尋文理，頗涉小宗，故移編此。」《貞元釋教錄》卷二三因之。《開元釋教錄》卷二〇「小乘經律論、賢聖集傳入藏目錄」中再次提到：「（以下為）小乘經單譯，八十七部……《天請問經》一卷，一紙。」可見，早在唐時，《天請問經》的大、小乘歸屬就存在分歧，但古今中外似對這兩種看法均未展開討論。筆者同意小乘説，理由如次：

　　1. 從該經內容上看，正宗分的內容是就二十九個問題分九次問答。其中的「少欲最安樂，知足大富貴，持戒恆端嚴，破戒常醜陋」（答第四問）。包含有小乘的自度成分；而「福為善眷屬，罪為惡心怨。地獄極重苦，無生第一樂」（答第五問）。這裡的「無生第一樂」句具有空寂、涅槃思想。

　　《天請問經》的主要內容與戒律關係密切，如：「粗言利刀劍，貪欲礪毒藥。嗔恚熾盛火，無明極重暗。」（答第一問）「施者名得利，受者名失利。忍為堅甲冑，慧為利刀杖。」（答第二問）「邪思為盜賊，尸羅（按：即持戒）智者財。於諸天世間，犯戒能劫盜。」（答第三問）等等説教是極其質樸、原始的，帶有濃厚的小乘戒規成分。

　　總之，《天請問經》的無生、少欲知足等説教與大乘的利益天人、度脱一切等觀點有著明顯的區別，它所宣揚的戒律也具有早期佛教的特徵。

　　2. 從該經的結構、體例上看，也與小乘經典相似，而與大乘經典有別。試與小乘經典《中阿含經》《雜阿含經》和大乘經典《思益梵天所問經》相比較。

　　小乘經典都較短，文字簡煉樸實。《中阿含經》和《雜阿含經》一般認為是說一切有部經典，前者漢文本由（東晉）瞿曇僧伽提婆譯出，為二二二部短經的總集；後者由（劉宋）求那跋陀羅譯出，內有一千三百六十二部短經。《天請問經》的篇幅、結構、乃至文字都與《阿含經》中的一些經相同：

　　我聞如是：一時佛遊那難陀國，在牆村㮈林。爾時阿私羅天有子，名伽彌尼，色像巍巍，光耀煒曄，夜將向旦，往詣佛所。稽首佛足，卻住一面……（《中阿含經‧伽彌尼經》）

　　我聞如是：一時佛遊鞞蘭若，在黃蘆園。爾時婆羅邏阿修羅王、牟犁遮阿修羅子，色像巍巍，光耀煒曄，夜將向旦，往詣佛所。禮世尊足，卻住一面……（《中阿含經‧阿修羅經》）

　　更接近《天請問經》結構、文字的是《雜阿含經》中的一些經，該經卷二二共有二十八部短經，其中的二十一部的序分和流通分基本相同。為：

　　如是我聞：一時佛在舍衛國祇樹給孤獨園。時有一天子，容色絕妙，於後夜時，來詣佛所。稽首佛足，退坐一面。身諸光明，遍照祇樹給孤獨園，時彼天說偈白佛……時彼天子聞佛所說，歡喜隨喜，稽首佛足，即沒不現。

　　正宗分也是偈問偈答，這與《天請問經》一樣。請看《天請問經》的序分和流通分：

如是我聞：一時薄伽梵在室羅筏國，住誓多林給孤獨園。時有一天，顏容殊妙，過於夜分，來詣佛所。頂禮佛足，卻住一面。是天威光，甚大赫奕，周遍照耀誓多園林。爾時彼天以妙伽他而請佛曰……爾時彼天聞佛世尊說是經已，歡喜踴躍，嘆未曾有，頂禮佛足，即於佛前，欻然不現。

上述諸經的文字均簡約樸實，文句結構與長短相同，對說法環境和天神的描繪基本類似，均不提是否有弟子、比丘、菩薩等眷屬與佛同在說法會上（幾乎所有大乘經典均在序分中說有很多弟子、比丘、菩薩等眷屬俱）。

正宗分的內容也有相似之處。如《天請問經》中，天問：「誰復障生天？」佛答：「染著障生天」。而《伽彌尼經》中，伽彌尼也向佛問起升天的條件，介紹告訴說：「懈不精進而行惡法，成就十種不善業道，殺生、不與取（按：即偷盜）、邪淫、妄言，乃至邪見」者，死後不得升天。這與大乘宣揚的眾生皆有佛性，「放下屠刀，立地成佛」等觀點不同。

特別值得注意的是，上述諸經均將說法場面安排在靜夜時分，這當與小乘重禪修以自度有關，其他阿含部諸經中也有類似情況，如《長阿含經・典尊經》記載：「如是我聞：一時佛在羅閱耆闍崛山，與大比丘眾千二百五十人俱。爾時執樂天般遮翼子，於夜靜寂無人之時，放大光明，照耆闍崛山，來至佛所。」雖然敦煌遺書 P.2135《天請問經疏》對此解釋為「天避人喧，又惡人穢，故於靜夜詣佛諮疑」。但這種解釋是沒有多少說服力的，大乘經典中，天是不避人喧人穢的，請看鳩摩羅什譯的《思益梵天所問經》序分：

如是我聞：一時佛住王舍城迦蘭陀竹林，與大比丘僧六萬四千人俱，菩薩摩訶薩七萬二千人……及四天王、釋提桓因等忉利諸天，夜摩天、兜率陀天、化樂天、他化自在天及梵王等諸梵天，並餘無量諸天、龍、鬼神、夜叉、犍闥婆、阿修羅、迦樓羅、緊那羅、摩睺羅伽，人與非人，普皆來集……爾時思益梵天與萬二千菩薩俱頭面禮佛足，右繞三匝，合掌向佛。

在此，比丘、菩薩就達十五萬人，其喧鬧之聲可想而知，迦蘭陀竹林能否容得下也是個問題，好在這一切都不可能是真的。

3. 從當時佛教發展情況看，儘管唐代大乘佛教流行，但小乘佛教並未銷聲匿跡。西域地區小乘還十分流行，根據季羨林先生統計，玄奘所經之處，「崇信大乘的『國』或伽藍共有十六個，崇信小乘的有三十七個，崇信大小乘的有十二個……從單位數字看來，大小二乘五天竺都有，而小乘的力量，要比大乘強大得多。」[2]《大唐西域記》「記贊」中提到玄奘從西域帶回六百五十七部佛經，屬於小乘的就有「上座部經律論一十四部，大眾部經律論二十二部，三彌底部經律論一十五部，彌沙塞部經律論二十二部，迦葉臂耶部經律論一十七部，法密部經律論四十二部，說一切有部經律論六十七部」。占帶回佛經總數的百分之三十以上。筆者認為《天請問經》應是玄奘從西域帶回的阿含部佛典，有可能即是《雜阿含經》卷二二諸經之一，求那跋陀羅漏譯，玄奘補譯。

2　《玄奘與〈大唐西域記〉》，季羨林主編：《大唐西域記校注》，中華書局 1985 年版第 81 頁。

二 敦煌遺書中的《天請問經》與《天請問經疏》寫本

敦煌遺書中的《天請問經》寫本共有二十餘件，即英藏 S.2089、3916、4119、4548、5367、5458、5531、5675、5708，法藏 P.2401、2374，俄藏 Дx.11A、982、2130、2497（F730、729、2321、2320），中國國家圖書館藏 BD06001、BD05755 背、BD14813，天津藝術博物館藏 4532 號，散 520（《敦煌遺書總目索引》附《敦煌遺書散錄・李氏鑑藏敦煌寫本目錄》）、896 號（《敦煌遺書總目索引》附《敦煌遺書散錄・中村不折藏敦煌遺書目錄》）等。

《敦煌遺書總目索引》之「敦煌遺書散錄・中村不折藏敦煌遺書目錄」中提到：「0896，《天請問經》（唐寫）。貞元二十年（西元 648）許教宗監閱。」按：此寫本已經發表，經核對，貞元二十年為貞觀二十二年之誤，許教宗為許敬宗之誤。原寫本高二十五釐米、長一〇六釐米，有譯場列位二十三行二百二十六字，發願文八行一百四十五字。（圖 1）從而我們確知：該經為弘福寺沙門智仁（而非《開元釋教錄》所言辨機）筆受，此寫本為貞觀二十二年八月十五日蘇士方發願抄寫（按：敦煌遺書中還有若干蘇士方抄的其他佛經，但筆者認為此發願文行文有點奇怪，真偽待考）。時距譯出時間不到五個月，智仁筆受和許敬宗監閱的説法當可信，這是佛教史上不曾流傳的新資料。[3]

另外，S.4734 是《多心經》寫本，首尾完整，共十七行，距經尾較遠處寫「《佛説天請問經》一卷」，不應算作一件《天請問經》寫本。此件寫本疑是包裹《天請問經》用的（參 S.6734《思益經》背面題記，該寫本用於包裹《法華經》）。

---

3 磯部彰《臺東區立書道博物館所藏中村不折舊藏禹域墨書集成》中冊，二玄社 2005 年版，第 71 圖。

▲ 圖 1　書道博物館藏《天請問經》題記

S.5708《天請問經》寫本共七行：「天請問經一卷。如是我聞，一時薄伽梵在室天請問經一卷。如是我聞，一時薄伽梵天室羅筏城，住誓多林給狐（按：原文如此！應為「孤」字）獨園。時有一天，顏容殊（按下缺一「妙」字），過於夜分，來詣佛所，頂禮佛足，卻坐一面。是天威光，甚大赫亦（按：原文如此！應為「赫奕」），佛說天請門（按：原文如此！應「問」字）經。如」。行次紊亂，字體稚拙，不可能是寺院寫經生或壁畫書寫手寫的，疑出於寺院學生之手。因歸義軍時期，敦煌有十所寺學，學生們抄經情況，敦煌遺書中有較多的反映。[4]或許當時寺學中把簡短易懂的《天請問經》當作教材，S.5708 有可能是寺院學生的習字之作。

P.2374 為五代後周顯德六年（959）瓜州永興禪院禪師惠光寫經三部（《延壽命經》《續命經》《天請問經》），題記完整：「維大周顯德陸年四月八日，瓜州永興禪院禪師惠光發心敬寫《延壽命經》《續命經》《天請問經》參卷，計寫肆拾玖卷。同發心施主，報宜清吉，永充供養。」

《天請問經疏》大約有四種，均未入藏。日僧永超《東域傳燈目

4　李正宇：《唐宋時代的敦煌學校》，《敦煌研究》1986 年第 1 期。

錄》中提到：「《天請問經疏》一卷，基撰。經，玄奘譯，入小乘部。
一紙。靖邁師序云大乘，可勘之。同疏一卷，靖邁。同疏一卷，素法
師。」高麗義天《新編諸宗教藏總錄》卷一記載：「《天請問經疏》一
卷，文軌述。」

　　基即窺基，是玄奘高足，有慈恩大師之稱，著作四十三種，現存
三十餘種，但存佚目錄中均不提他撰有《天請問經疏》。

　　靖邁也是玄奘的得力助手，著名的《古今譯經圖紀》四卷即出於
他的手。

　　文軌的事跡不甚詳，據敦煌遺書 P.2101《廣百論疏》所題「西明寺
沙門文軌撰」句，知他是長安西明寺僧人，《廣百論》為玄奘所譯，玄
奘曾住錫西明寺，看來文軌也是玄奘高足。

　　素法師的事跡也不甚詳，疑即懷素，他也師從玄奘。

　　《天請問經疏》大約只有文軌所撰一種見存於世，即敦煌遺書
P.2135、BD00119（黃 19 號，北 6662 號）、BD14116（北新 316 號），
其中 BD14116 首尾俱全，首題：「天請問經疏，沙門文軌撰」。

　　P.2135 共二一一行，四千餘字。首略殘，始於解釋「薄伽梵在室羅
筏國，住誓多林給孤獨園」，尾止於「經曰：世尊告曰：『少欲最安樂，
知足大富貴。持戒恆端嚴，破戒常醜陋。』述曰：此答也，即次第答前
四問。『少欲最安樂』者，答第一問。儉約為少欲者，名世間耽嗜唯多
唯廣，智遂愚，情速即破壞。眾生追戀（下缺）」。

　　BD00119 首缺尾全，存二一一行。雖與 P.2135 非出一人之筆，但
兩寫本內容基本可以銜接。首為「（上缺）此答也，即次……答第一問
也。儉約為少耽嗜，名□世間耽嗜……眾生追戀苦惱，切心佛法。」尾
署「天請問經疏一卷」。此寫本已收錄於《大正藏》第八十五冊。

　　需要澄清的是，《敦煌遺書總目索引》的「索引」中提到：「《天

請問經疏》，北黃 19，P.2135，散 111、1326」。這並非四件寫本，而應作如下理解：散 67–189 號是早年旅順博物館藏的敦煌遺書，後於一九五四年調入北京圖書館（今中國國家圖書館），散 111 號編為黃 19 號。[5] 散 1200–1790 號乃是諸家所藏敦煌遺書中較重要的寫本目錄，散 1326 號即「《天請問經疏》。黃字第十九，一卷。案：此抒發明四諦等義甚精，小乘中最要之典也」[6]。所以散 111 號、散 1326 號和黃字 19 號實即一件，有人不察，誤為三件。

BD14116 首尾俱全，高三十釐米，長七九〇釐米，共四〇五行，八千餘字。原為大谷探險隊所得，後歸旅順博物館，現入藏於中國國家圖書館。首題「天請問經疏，沙門文軌撰」。需要指出的是，該寫本尾題「此文一無錯謬勘定了。善奴、佛奴信」。説文中「一無錯謬」並不確，其實該寫本還是有一些文字錯誤的。

《天請問經》僅六百字，而《天請問經疏》有八千餘字。實際上，《天請問經》通俗易懂，無需疏解，這大約是諸《天請問經疏》全部失傳的原因。二十世紀又在敦煌遺書中發現一部相對完整的《天請問經疏》，無疑是值得慶幸的，應整理刊布。

三　敦煌天請問經變簡述

思益經變和天請問經變的構圖、畫面幾乎完全一樣，均由許多一戴通天冠的天神與侍從向佛問法之畫面組成，如果不藉助榜題，很難將兩者區別開來。經仔細比較，兩種經變還是有以下兩個細小的差

5　尚林：《臺北「中央圖書館」藏敦煌遺書目錄編號互見》，《中國敦煌吐魯番學會研究通訊》1992 年第 1 期。

6　《敦煌遺書總目索引》，中華書局 1983 年版第 343 頁。

別：

1. 天請問經變中有天從空中飛下、飛回天宮的畫面，而思益經變則無；

2. 天請問經變各小畫面均為天在向佛請問，而思益經變中還有一些菩薩向佛請問的畫面（思益梵天是一位菩薩）。

根據前人統計和筆者新近調查，莫高窟和榆林窟共有天請問經變三十七鋪：

盛唐一鋪：一四八窟；

中唐十鋪：四四、一三五、一五四、一五九、二三一、二三七、二四〇、三五八、三六〇、三八六窟；

晚唐九鋪：十二、一〇七、一二八、一三八、一三九、一四一、一四三、一五六、一九二窟；

五代十一鋪：四、五、五三、六一、九八、一〇〇、一四六、二〇五窟，榆二〇、三一、三四窟。

宋六鋪：七、五五、一七〇、四四九、四五四窟，榆三八窟。

其中莫高窟四四、一四三、五窟的天請問經變是筆者這次新發現的。

第四四窟始建於盛唐，但未完工，東壁門南為一鋪中唐繪經變，原定名為思益梵天所問經變，筆者認為是天請問經變。這鋪經變內容較簡單，正中為說法會，四角共有一王二侍從面對一佛二弟子二菩薩的畫面六組，另有一組一王二侍從乘彩雲而下的畫面一組，據此將這鋪經變定為天請問經變。

第一四三窟開鑿於晚唐（中唐？），現存壁畫條痕纍纍，大約是宋代或西夏重修時所為。將原壁畫劃得高低不平是為了增強新塗泥層的黏結度，近人又將宋代或西夏時重抹的泥層（已燻黑）剝離殆盡。南

壁共繪三鋪經變，以前均未定名。東起第一鋪雖極殘，但尚可辨認出一些榜題文字，如：「……誰……／……友，誰……生天……／」，「……尊告曰□言利刀劍，嗔恚磣毒／……熾盛……」，「天……亦不／碎……世間。／」，「天復請□云何……／……世間……／」。下有屏風畫三扇，當也是問與答的內容，惜僅東側一扇存「……極……」一字榜題。這些文字足以證明這鋪經變是天請問經變。

第五窟是五代晚期（宋初？）知版築使、銀青光祿大夫、檢校國子祭酒兼御史大夫，上柱國杜彥弘的功德窟（據西壁龕下供養人題記），東西進深六點三米（不含龕深），南北寬六點九米，是當時較大的一個新開窟。北壁西起第一鋪經變原名為思益梵天所問經變，應是天請問經變。

經變上層為天宮，中層為說法會（有菩薩、天龍八部、樂舞），下層由一些小畫面（天向佛請問）組成，並存有部分榜題（見示意圖）：

其中〔1〕為主榜題，始於「天請問經變。如是我聞」，止於「嗔恚熾盛火，無明極重暗」。共百餘字。〔2〕、〔3〕、〔4〕、〔5〕分別為經中的第5、6、7、8、9問答。〔6〕、〔7〕、〔8〕的內容漫漶。從現存榜題看，本窟天請問經變的榜題嚴格照原經抄寫，並且很可能將全經均抄上了。

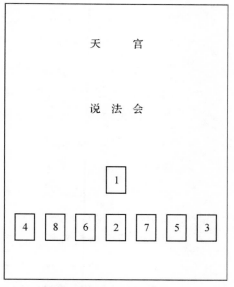

▲ 第五窟天請問經變示意圖

　　有少數幾個洞窟的天請問經變在造窟功德記中有記載，如：

　　立於第一四八窟前室的《大歷碑》記載：「畫報恩、天請問……等變各一鋪。」寫於第一九二窟主室東壁門上的發願文記載：「於北壁上畫藥師變相一鋪，又畫天請問經變相一鋪。」敦煌遺書 P.4638 有第二三一窟造窟功德記，其中提到：「南牆畫西方淨土、法華、天請問、寶（報）恩變各一鋪。」需要指出的是，P.4640《翟家碑》中提到的第它窟壁畫內容中所謂「天請」是指思益經變因為該窟無天請問經變，屬於碑文作者的失誤。

　　敦煌的天請問經變因洞窟的大小不一等原因，規模、詳略不同。如一四八、九八、一〇〇、六一、四五四等窟屬於大窟，因而天請問經變就很大，有的將全部經文都抄錄上了。需要指出的是，第六一窟共有榜題十六條，大多是一條榜題抄四問，而對應的四答則在另一條榜題上。第四五四窟共有榜題二十一條，大多是每條榜題抄一問一答，頗有創意，如東側條幅共有六個說法畫面，自下而上的三個畫面榜題是：1.「天復請曰：『云何極重暗？』世尊告曰：『無明極重暗』」2.「天復請曰：『何者名得利？』世尊告曰：『施者名得利。』」3.「天復請曰：『何者名失利』世尊告曰：『受者名失利。』」這裡把連續的經文分開圖解，無疑是為了適應畫面大、經文內容少的實際情況，而第一九二窟主室進深二點二米、寬二點五米，南北壁各畫二鋪經變，南壁西起畫西方淨土變、彌勒經變，北壁西起畫藥師經變、天請問經變二鋪，天請問經變寬一點一米，高一點三米，僅有一條主榜題，全文為：「如是我聞，一時佛在室羅筏城住誓多林給孤獨園。時有一天，顏容殊妙，來詣佛所而問法時。」

　　莫高窟許多經變的構圖形式是相同的，天請問經變似無創新、獨特之處，如思益梵天所問經變、佛頂尊勝陀羅尼經變中均有頭戴通天

冠的天神向佛問法的畫面，具體的構圖形式可參閱李刈《敦煌壁畫中的〈天請問經變相〉》一文。[7]

　　需要指出的是《天請問經》中只提到佛與天兩位人物的問答，而天請問經變中，佛有許多弟子、菩薩、護法諸神，天也有若干侍從相隨，場面與大乘經變無異，可見敦煌天請問經變的表現形式已大乘化了。

　　天請問經變的畫面是十分枯燥乏味的，大都是正中佛與諸眷屬俱兩側、下方為若干小的說法圖，這是由《天請問經》內容所決定的。因為該經宣揚的是佛教基本思想和戒律，並無故事情節。

　　為什麼這樣一部六百字的短經在敦煌異乎尋常地流行呢？我們注意到幾部《天請問經疏》都是玄奘弟子撰寫的，盛唐晚期有一批唯識宗僧人逃至敦煌，敦煌第一鋪天請問經變就出現在吐蕃圍攻敦煌前夕的大曆年間開鑿的第一四八窟。敦煌天請問經變的流行當與唯識宗勢力強大有關。另外，該經把人們心目中至高無上的「天」，說成是向佛請教問題的普通一神，從而抬高了佛的地位，所以在敦煌佛教石窟裡一畫再畫。

四　新發現的天請問經變榜題底稿

　　筆者查閱敦煌遺書中的《天請問經》寫本時，發現三份天請問經

7　《敦煌研究》1991 年第 1 期。她認為《天請問經》譯於貞觀二十三年、共七百五十字、屬於大乘經典等說法均與筆者不同。也沒有注意到莫高窟材四四、一四三、五窟和榆林窟一六、三一窟的天請問經變。又將莫高窟一五八窟密嚴經變列為天請問經變。第六一窟的榜題錄文不全。沒有注意到敦煌遺書中的天請問經變榜題底稿。對敦煌遺書中的《天請問經》和《天請問經疏》的統計不準確。

變榜題底稿。

　　l. S.1397v。正面為《佛說救拔焰口餓鬼陀羅尼經》，背面原定《天請問經》，但此寫本與其他《天請問經》寫本不同，筆者認為是一份天請問經變榜題底稿。

　　該底稿共二十一行，原件中有標點符號「〇」共十二個，筆者以每個「〇」為一個單位，加上最後數行無標點符號的一組，將此底稿分成十三組，試錄於下（括弧裡的內容系筆者所校）：

〔1〕天請問經　　如是我聞一時薄伽梵在室羅筏國住誓多林給孤獨園時（校：原經下有一「有」字）一天顏容殊妙過於夜分來詣佛所頂禮佛足卻坐一面是天威光甚大赫奕周遍照曜誓多園林爾時彼天以妙伽他而請問佛（校：上兩字原經作「佛曰」）〇

〔2〕大梵天王往於佛會問法時（校：原經無上述11字）〇

〔3〕天帝釋問世尊曰云何利刀劍云何磣毒藥云何熾盛火云何極重暗〇

〔4〕爾時彼天聞佛世尊說是經已歡喜躍踴（校：「踴」字右上角有倒乙號「∽」）嘆未曾有頂禮佛足即於佛前欻然不見〇

〔5〕天復請曰我今猶有疑佛應（校：上兩字原經作「請佛」）為除斷今世往後世誰極自欺誑〇

〔6〕世尊告曰若多有珍寶（校：原經作「珍財」）而不能修福今世往後世彼極自欺誑〇

〔7〕福能與王賊勇猛相抗敵不為人非人之所來侵奪〇

〔8〕世尊告曰福非火所燒風亦不能碎福非水所爛能浮持世間〇

〔9〕誰能與王賊勇猛相抗敵不為人非人之所來侵奪〇

〔10〕天復請曰誰非火所燒（校：原經為「何物火不燒」）風亦不

能碎誰非水所爛（校：原經作「非水所能爛」）能浮持世間○

　　〔11〕世尊告曰無智覆世間世間疾所魅慳貪舍親友染著障生天○

　　〔12〕爾時大梵天王往於佛所疑問如來教法時（校：原經無上述17字）○

　　〔13〕天復請曰誰能復（校：原經作「覆」）世間世間誰所魅誰令舍親友誰復障生天了

　　以下還有兩行雜寫：「天請問經了，天請經問（校：上一字右上角有倒乙號「〜」）」，「戊子□□月」。很遺憾，筆者目前還不能確定此「戊子」年是指哪一年，此榜題適用於哪一個洞窟。

　　筆者認為，該寫本中的十二個「○」符號是區別每條壁畫榜題的符號，不是表示語句的停頓句逗。第一個「○」前共有七十七字，除開端「天請問經」與「如是我聞」間空一格外，當中無任何標點符號。根據敦煌壁畫普遍規律，這是經變中的主榜題，位於說法會的正下方。其餘十二條榜題只有十餘字或二十餘字。

　　另一證據是，《天請問經》共九問九答，S.1397v只抄四問三答，第一問無答，餘為第七、八、九問答。中間的五問六答未抄，一般抄寫佛經，是不會出現這種情況的。之所以這樣做，似乎是將首尾抄上，權充完整。其他經變也有類似情況（如楞伽經變等）。第一問無答，內容是不完整的，有斷章取義之感，更顯示出抄寫者還對佛教無多深的了解。

　　值得特別注意的是：該寫本內容

並不依據原經的前後次序抄寫。如按經文前後重新作一排列，則為：

〔1〕—〔2〕—〔12〕—〔3〕—〔13〕—〔11〕—〔10〕—〔9〕—〔8〕—〔7〕—〔5〕—〔6〕—〔4〕

初看起來，似乎很凌亂，實際上與壁畫位置有密切關係。試作一次復原：敦煌壁畫中的天請問經變構圖形式，據李刈女士的分類，共有六種，而三分之二的經變均為第二種（即下面示意圖中的這種形式），這次復原試按此類形式排列諸榜題。框外數字表示按經文前後重新排列的次序。

榜題〔1〕的最後一句為「爾時彼天以妙伽他而請問佛」，後理應有下文才完整。這種斷章情況我們從五代第一〇〇窟北壁天請問經變的主榜題中找到實例：該經變主榜題共七行，始於「天請問經變。如是我聞……」止於「爾時彼天以妙伽他而請問（原經為「請佛曰」榜題）。若此榜題底稿適合於第一〇〇窟，則與此窟建造時代接近的「戊子」年應為九二八年（第 100 窟建成是在曹元德時期，可能九二八年前後已經開始營建，另一種可能是此榜題適用於其他洞窟，本文不展開討論）。

〔2〕與〔12〕的文字不出於《天請問經》，但意思上卻與《天請問經》有些關係，即均從經中的「時有一天……來詣佛所」一句發展而來的。為什麼會有兩條內容基本相同的榜題呢？看看天請問經變就明白了，這是為了對稱表示經變下方兩角畫面較大的請問場面。S.1397v 將含義相同的兩部分文字分別抄於順數第二、倒數第二，這種相隔 200 餘字而又極為對稱排列的結構，更證明這是根據經變構圖而排列的榜題底稿。榜題〔4〕到榜題〔11〕的次序與經文次序幾乎剛好倒過來，這種設計，便於書寫手使用。

榜題〔2〕和〔12〕均提到大梵天王。大梵天王的身分有多種，原

本是婆羅門教和印度教的創造之神，這在佛經上也有反映。如《長阿含經・裸形梵志經》記載：「大梵天王，無能勝者，統千世界，富貴尊豪，最得自在，能造萬物，是眾生父母，彼能知四大由何永滅。」大梵天王在佛教中的身分要低許多，只是三十三天中的一天、欲界十八天之一天等。如（北宋）施護譯的《佛說大堅固婆羅門緣起經》卷上記載：「如是我聞：一時世尊在王舍城鷲峰山中與大眾俱。是時有五髻乾闥婆王子，過於夜分，至明且時，來詣佛所，彼有身光，廣大照耀彼鷲峰山都一光聚，到佛所已，頭面禮足，退住一面，前白佛言：『世尊：我於一時，在三十三天，見帝釋天主、大梵天王並善法諸天眾，而共集會。』」（北齊）那連提耶舍譯《大方等大集月藏經・建立塔寺品》也提到：『爾時娑婆世界主大梵天王、釋提桓因、四天王等及諸眷屬，從座而起，合掌向佛，一心敬禮，而作是言……」釋提桓因即帝釋天，也為三十三天之一。《天請問經》中只提到「時有一天」，未言天之姓名，給人們以許多想法：S.1397v 云是大梵天王；敦煌遺書 S.530、P.2021、P.4640 有第十二窟的造窟功德記，其中的「淨天啟問，調御答以除疑」即指天請問經變，這裡稱天為淨天；莫高窟第一四六窟的天請問經變中的榜題稱之為「帝釋天」；莫高窟第一〇〇窟的天請問經變中則有「梵天」之稱。

2. P.3352 正面為觀無量壽經變、千手千眼觀音經變、瑞像圖等壁畫榜題底稿。背面內容，《敦煌遺書總目索引》、黃永武《敦煌遺書最新目錄》都題作「三界寺賑目」，全稱應是《乙巳年正月一日至丙午年正月一日三界寺招提司法鬆手下諸色入破歷》，法松之名不見 S.2614《九世紀末期沙州諸寺僧尼名簿》中，所以此「乙巳年」可能為九四五年。[8]實際上，除一年賑目外，還有一份天請問經變榜題底稿。從寫本

8　關於此寫本的年代，依據榮新江《通煩考》所考，《文史》第 33 輯，1990 年。

情況分析應是先記賬目（下欄），廢棄後，再在之後某年抄榜題（上欄），屬於舊物利用。茲亦將這份新發現的天請問經變榜題校錄於下：

〔1〕天復請曰：「何者愛非宜，何者非宜愛（校：經文作「宜非愛」），何者極熱病，誰是大良醫？」世尊告曰：「諸欲愛非宜，解脫宜非愛。貪為極熱病，佛是大良醫。」

〔2〕天復請曰：「我今由（校：經文作「猶」）有疑，佛應為（校：經文作「請佛為」）斷除：今世往後世，誰極自欺誑？」世尊告曰：「若多為有（校：「為」字衍）珍財，而不能修福，今世往後世，彼極自欺誑。」

〔3〕天復請曰：「誰為最安樂，誰為大富貴，誰恆極端嚴，誰為常丑漏（校：系「陋」字誤寫）？」世尊告曰：「少欲最安樂，知足大富貴，持戒恆端嚴，破戒常醜陋。」

〔4〕天復請曰：「誰為善眷屬，誰為噁心怨，云何極重苦，云何第一樂？」世尊告曰：「福為善眷屬，罪為噁心怨，地獄極重苦，無生弟（第）一樂。」天復請曰：「誰為（校：經文作「誰能」）覆世間，世間誰所障（校：經文作「魅」），誰令舍親友，誰覆（校：經文作「復」）障生天？」世尊告曰：「□□世間（下缺，似未再抄）」

如果按照經文前後來排列，應為：[3]—[4]—[1]—[2]，這無疑也是一份體現壁畫上榜題位置的天請問經變榜題底稿。

3. BD02379 正面為《妙法蓮華經》，北面依次為思益梵天所問經變、天請問經變、梵網經變的榜題（筆者考定為第四五四窟的經變榜題）。天請問經變共十三行，始於「天請問經變。如是我聞」，止於「於諸天世間，犯戒能劫盜。」（圖2）次序與經文相一致，若無「天請問

經變」句，無法判定其為經變榜題。

這樣，敦煌遺書中已發現三份天請問經變榜題底稿。

（原標題《關於〈天請問經〉和天請問經變的幾個問題》，刊於《敦煌研究》1994 年第 4 期）

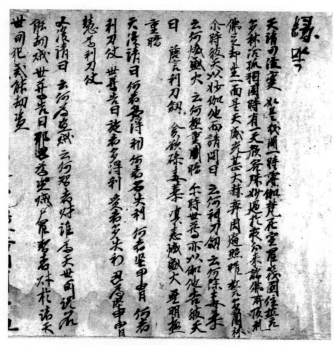

▲ 圖 2　BD02379 天請問經變榜題底稿

楞伽經變

　　楞伽經變僅見於敦煌莫高窟，一共有十二鋪，時間從中唐到北宋時期。楞伽經變在敦煌石窟的出現與流行可能與禪宗在敦煌的流行存在關聯。松本榮一《敦煌畫研究》一書未及此經變。

一　《楞伽經》在中國的流傳

1. 《楞伽經》的譯本

　　《愣伽經》共有三個漢譯本：1、劉宋元嘉二十年（443）求那跋陀羅譯本，全名為《楞伽阿跋多羅寶經》，共四卷一品，故又稱「四卷楞伽」。南北朝至初唐時，楞伽師們即以此譯本為研討對象。敦煌文獻中有失傳的（唐）元暉撰的《楞伽阿跋多羅寶經疏》寫本（P.t.609+S.5603、P.2198），首全尾缺，首題：「《愣伽阿跋多羅寶經疏》序，太子少詹事高陽齊瀚撰。」序文之後是「《楞伽阿跋多羅寶經》開題，東京中大雲寺沙門元暉詞。」上山大峻有研

究。[1]。2. 北魏延昌時（512–515）菩提流支譯本，名《入楞伽經》，共十卷十八品，稱「十卷楞伽」，內容完整，文字是前一譯本的兩倍，但不甚流行，甘肅博物館藏敦煌遺書 002 號《入楞伽經》卷九卷末題記：「歲次戊寅十月卅日，比丘尼元英敬寫《大集經》一部、《楞伽經》一部，為七世師宗、父母、法界眾生，三途八難，速令解脫，一時成佛。」元英為東陽王之女、敦煌太守鄧彥之妻，大約鄧彥大統十一年（545）解京治罪時，元英在敦煌出家為尼，在此前後的戊寅年只能是北周孝明帝二年（558）。[2]3. 武周長安四年（704）實叉難陀譯本，名《大乘入楞伽經》，共七卷十品，是為「七卷楞伽」。

另外，在此簡單提一下敦煌遺書中有無曇無讖譯本問題。《歷代三寶記》《大唐內典錄》《古今譯經圖紀》等隋唐佛教史籍云北涼曇無讖譯有《楞伽經》四卷，但疑點不少（如原始記錄不詳），一般學者持否定觀點。中華書局一九八三年版《敦煌遺書總目索引》第四六二頁上云敦煌遺書中有曇無讖譯本殘卷，共三件（成 22 號、S.5311 和散 87 號）。但經筆者查對，知成 22 號（北 0326 號、BD02422）內容出於十卷本的第十卷；散 87 號原藏旅順博物館，後入藏北圖，即成 22 號；S.5311 內容出於四卷本的第四卷。所以，就筆者目前所掌握的資料看，沒有曇無讖譯本。

從敦煌遺書和莫高窟壁畫上，我們可以清楚看到，七卷本譯出後，其他兩種譯本就不很流行了。這還可以在內地找到例證：北宋慶歷年間（1041–1048）有人在滁州一僧舍裡發現四卷本，元豐八年

1　上山大峻：《敦煌出土元暉述〈楞伽經疏〉考》，載《木村武夫教授古稀記念：僧傳の研究》，京都永田文昌堂 1981 年版。收入氏著《敦煌佛教の研究》一書，法藏館 1990 年版，第 389–397 頁。

2　關於這件文書的研判，施萍婷：《甘肅藏敦煌漢文文獻精品簡述》，載個人文集《敦煌習學集》上冊，甘肅民族出版社 2004 年版，第 307–308 頁。

（1085）刻印流通，蘇軾在此刻本序中感嘆地說：「（此時，四卷本已經）寂寥於世，幾廢而僅存」了。[3]

　　七卷本比其他兩個譯本流行的原因，主要有兩點：1、譯本的質量高於其他兩本。實叉難陀在翻譯《楞伽經》之前，已翻譯了《華嚴經》等經，積累了較豐富的譯經經驗。在翻譯中，有沙門復禮、法藏等協助，歷時四年完成，錯誤較少。另外，四卷本和十卷本也給實叉難陀提供了借鑑。2.七卷本是奉武則天之敕而譯的，譯畢，武則天親制序文，予以弘揚。既然「元嘉建號，跋陀之譯未弘；延昌紀年，流支之義多舛」（武則天序），新譯本質量高，又有最高統治者的吹捧，比較流行在於情理之中。

　　2. 敦煌文獻中的《楞伽經》寫本

　　檢討敦煌遺書，三種譯本都有，共約有八十件殘卷，其中七卷本占三分之二強，可見七卷本比較流行。

　　BD04456（昆 56 號、北 H08 號）正面為吐蕃時期寫本《毗尼心經》，背面是歸義軍時期佛教相關發願文範本，其中有「《楞伽經》」條，全文是：「《楞伽經》。乃寶山見影，金偈傳心，八識照於靈臺，三性懸於業鏡。」

　　敦煌文獻中有兩件《頓悟大乘正理決》（P.4646、S.2672），記錄了敦煌蕃占初期（申年至戌年，即 792–794 年）敦煌高僧摩訶衍遠赴拉薩在贊普的主持下與婆羅門僧討論禪學的內容，其中多次提到《楞伽經》內容。[4]文章的後一部分，摩訶衍還向贊普介紹自己的佛學活動，其中強調他對《楞伽經》的重視：

3　四卷本刻經序，《大正藏》第 16 冊第 479 頁。

4　按：P.4623 共二百五十行，前缺，許多內容與《頓悟大乘正理決》相關，可能是為撰寫《頓悟大乘正理決》準備的佛經摘抄，擬題《頓悟大乘正理決長編》，最前面現存《楞伽經》經文摘錄十三條。

　　摩訶衍一生已來，唯習大乘禪，不是法師。若欲聽法相，令於婆羅門法師邊聽。摩訶衍所說，不依疏論，准大乘經文指示。摩訶衍所修習者，依《大般若》《楞伽》《思益》《密嚴》《金剛》《維摩》《大佛頂》《華嚴》《涅槃》《寶積》《普超三昧》等，經信受奉行。

　　摩訶衍依止和上法號降魔、小福、張和上。准仰大福六和上，同教示大乘禪門。自從聞法已來，經五六十年，亦曾久居山林樹下。出家已來，所得信施財物，亦不曾貯積，隨時盡皆轉施。每日早朝，為施主及一切眾生轉大乘經一卷。隨世間法焚香，皆發願：願四方寧靜，萬姓安樂，早得成佛。亦曾於京中已上三處開法，信受弟子約有五千餘人。現令弟子、沙彌，未能修禪，已教誦得《楞伽》一部、《維摩》一部，每日長誦。

3. 《楞伽經》的流行

　　《楞伽經》是一部晚出的大乘經典。七卷本竟云：「南天竺國中，大名德比丘，厥號為龍樹，能破有無宗。」十卷本也有相同的記載，則該經撰造的上限在龍樹時代（西元三世紀），該經在劉宋元嘉二十年（443）譯為漢文本，是為下限。《中國大百科全書・宗教卷》認為是無著時代（西元四、五世紀）成書的。[5]

　　儘管《楞伽經》有些內容與經文主題思想不太一致（如序品、斷食肉品、陀羅尼品等），顯示一些內容形成時間不同，但總地來說，該

5　關於《楞伽經》的研究，有兩本英文專著：鈴本大拙《〈楞伽經〉研究》（D.T.Suzuki, *Studies in the Lankavatara Sutra*. London: Routledhe, 1930.）和蘇頓《〈楞伽經〉的實存與覺悟》（F.G.Sutton，*Existence and Enlightenment in the Lankavatara Sutra: A Study in the Ontology and Epistemology of the Yogacara School of Mahayana Buddhism. Albany: SUNY Press,* 1991.）。此據李四龍《歐美佛教學術史》第 104 頁，北京大學出版社 2009 年版。另外，一九三六年伊藤洞源曾發表《楞伽經考》一文（《楞伽經に就て》），《駒澤大學佛教學會年報》1936 年 3 月第 6 卷第 2 期。

經在佛教中的地位是相當重要的，有「諸佛心量之玄樞，群經理窟之妙鍵」之稱（七卷本序），歷代對此經都比較重視。天台宗、華嚴宗判教時，分別把《楞伽經》判為方等時、大乘終教的代表經典之一。特別是唯識宗，把《楞伽經》作為它的基本經典六經十一論中的一經。在密教方面，善無畏譯《大毗盧遮那經廣大儀軌》卷下結束句也提到《楞伽經》：「住於閒淨處，轉讀修多羅：《華嚴》與《涅槃》，《楞伽》《思益》等。」唐以後對該經的注疏甚多，僧人出身的明太祖朱元璋還規定該經與《心經》《金剛經》為僧人必習的三經。

南北朝到初唐，有一批專門研究、傳授《楞伽經》的學者，被稱為「楞伽師」、當中的達摩、慧可、僧璨、道信、弘忍等五位高僧後來被稱為禪宗的前五祖。六祖慧能時，禪宗分為南北兩派。南宗禪標榜「不立文字」，但在實際上，不「籍教悟宗」是不行的，禪宗的著述頗多。並且禪宗並沒有放棄對《金剛經》和《楞伽經》的信仰。呂澂先生對此有精闢論述，他認為：「神會提倡的南宗禪是會通《金剛經》的，把《金剛經》的地位提得很高，甚至代替了原來的《楞伽經》。到了洪州時期，則又恢復了《愣伽經》的地位。」[6]洪州時期大體相當於中唐，莫高窟現存最早的愣伽經變在中唐第二三六窟南壁。

禪宗與《愣伽經》關係密切。據《續高僧傳》卷一五「慧可傳」記載，禪宗初祖達摩就以《愣伽經》作為傳法依據：「初達摩禪師以《四卷愣伽》授可曰：『我觀漢地，惟有此經，仁者依行，自得度世。』」同傳還記載慧可以《愣伽經》傳弟子那滿等人：「故使那滿等師，常賷《四卷愣伽》，以為心要，隨說隨行，不爽遺委。」八世紀初，淨覺撰《愣伽師資記》一卷，敘述禪宗各祖的承傳與思想。

《宋高僧傳》卷六「神清傳」記載：「於時（按：指大曆年間，即

6　《中國佛學源流略講》，中華書局1979年版，第237頁。

766-779 年）敕條嚴峻，出家者限唸經千紙，方許落髮。（神）清即誦《法華》《維摩》《楞伽》《佛頂》等經。」這條資料頗能說明《楞伽經》在唐代是相當流行的。當時的講肆也講解《楞伽經》，《景德傳燈錄》載：普願禪師（741-834）曾「遊諸講肆，歷聽《愣伽》《華嚴》。」（清）陸增祥《八瓊室金石補正》卷六九《會善寺大律德惠海塔銘》也記載惠海（748-812）精研律宗，還「精通《愣伽》《思益》，搜跡元微，名貫三秦。」

由於《愣伽經》的流行，不少唐代詩人就以《愣伽經》入詩：

開元十三年（725）進士李頎（約 690-約 751）《光上座廊下眾山五韻》詩中有：「名岳在廡下（一作廊），吾師居一床。每聞《愣伽經》，只對清翠光。（後略）」

岑參（715？-770）聽一位到過太白山採藥的老人說：「太白中峰絕頂有胡僧，不知幾百歲，眉長數寸，身不制繒帛，衣以草葉，恆持《愣伽經》。」並有種種傳說便作《太白胡僧歌》：「聞有胡僧在太白，蘭若去天三百尺。一持《愣伽》入中峰，世人難見但聞鐘。（後略）」，其實太白山有聖人這一傳說在初唐就流行，道宣自撰《道宣律師感通錄》記載：

今終南山、太白、太華、五嶽名山皆有聖人。為住佛法，處處有之。人有供設，必須預請。七日已前在靜室內安置壇座，燒香列疏，閉戶祈求，無不感應。至時來赴，凡聖難知。若不爾者，緣請既多，希來至飯。今時有作賓頭盧聖僧像，立房供養，亦是一途。

大詩人白居易（772-846）對《愣伽經》也十分熟悉，《見元九悼亡詩，因以此寄》云：「夜淚暗銷明月幌，春腸遙斷牡丹庭。人間此病

治無藥，唯有《愣伽》四卷經。」

李賀（790–816）《贈陳商》云：「長安有男兒，二十心已朽。《愣伽》堆案前，《楚辭》系肘後。（後略）」[7]可見在唐代，僧俗間都信仰《楞伽經》。

二　楞伽經變內容考釋

愣伽經變今僅存於敦煌莫高窟，共有十二鋪，時代從中唐到北宋。[8]七卷本《楞伽經》有羅婆那王勸請品第一、集一切法品第二、無常品第三、現證品第四、如來常無常品第五、刹那品第六、變化品第七、斷食肉品第八、陀羅尼品第九、偈頌品第十等十品，從畫面和榜題看，入畫的有羅婆那王勸請品、集一切法品、無常品、斷食肉品、偈頌品等五品。

在畫史上，早在初唐時，中原就出現了楞伽經變，比莫高窟現存最早的楞伽經變還早一百多年。

據《壇經》《五燈會元》《宋高僧傳》等書記載，慧能在龍朔元年（661）去黃梅東山投禪宗五祖弘忍大師門下。數月後，弘忍用高薪聘請「工人物及佛經變」[9]的著名畫家、宮廷內供奉盧珍來黃梅畫楞伽經

7　關於李賀與《楞伽經》的關係，請參閱陳允吉《李賀與〈楞伽經〉》，收入個人文集《唐音佛教辨思錄》，上海古籍出版社 1988 年版，第 159–187 頁。

8　其中，第二三一窟前室南壁一鋪宋代畫愣伽經變是本人在後來的工作中發現的。又，第一八六窟為中唐窟，北壁通壁畫一鋪經變，一九八二年文物出版社《敦煌莫高窟內容總錄》定為楞伽經變，非是，為一未定名密教經變。另外，P.3720 為張淮深建第九四窟功德記，提到「愣伽山上，萃百億之神仙。」則第九四窟有愣伽經變，今被宋代千佛壁畫覆蓋。

9　夏文彥：〈圖繪寶鑑・補遺〉，商務印書館《叢書集成初編》1937 年版，第 1654 冊，第 102 頁。

變：「時大師（指弘忍）堂前有三間房廊，於此廊下供養，欲畫楞伽變，並畫五祖大師傳授衣法，流行後代為記。畫人盧珍看壁了，明日下手。」[10]因當晚神秀題「身是菩提樹，心如明鏡臺，時時勤拂拭，莫使有塵埃」一偈於南廊壁下，而使弘忍打消了畫楞伽經變的念頭，送盧珍回長安。當時，《楞伽經》有兩個譯本，即四卷本和十卷本。盧珍依據哪個譯本畫？《壇經》等書都沒有記載。筆者推測，十卷本內容完整，序品所描繪的情節生動，比較適於畫經變。但弘忍及其以前的楞伽師都是依四卷本來印心的，盧珍為了迎合弘忍的需要，選用四卷本的可能性要大些。另外，從盧珍看完房廊，決定次日即畫這一情況看，遠道而來的盧珍對畫楞伽經變是胸有成竹的，或許他畫過楞伽經變。遺憾的是，這鋪經變未畫成，其他有關楞伽經變的記載也沒有見到[11]，獨存於莫高窟的這十二愣伽經變更顯珍貴。

　　莫高窟一五六、八五、九、四、六一、五五、四五四、四五六窟等八個洞窟的愣伽經變存有部分榜題，經筆者抄錄查對，知均出於七卷本。其餘四窟（236、138、231、459 窟）的愣伽經變雖榜題漫漶不辨或畫面殘存太少，但其時代構圖內容等與存有榜題的愣伽經變基本相同；再參照敦煌遺書中七卷本寫本占《愣伽經》寫本總件數的三分之二以上的情況，我們認為這四鋪愣伽經變也是根據七卷本繪製的。有人模棱兩可地認為莫高窟愣伽經變「是依據菩提留支譯十卷的《入愣伽經》，或實叉難陀所譯七卷的《大乘入愣伽經》而畫出」[12]，當系

10　敦煌遺書 S.5475《六祖壇經》，其他資料也有記載。

11　唐初裴孝源《貞觀公私畫史》記載：「張儒童畫《愣伽會圖》一卷。」中唐張彥遠《歷代名畫記》卷七則記載：「善果弟儒童，中品上。《釋迦會圖》《寶積經變》，傳於代。」《愣伽會圖》《釋迦會圖》，當有一誤，現在無法確定，存疑。

12　閻文儒：《中國石窟藝術總論》，天津古籍出版社 1987 年版，第 244 頁。

未認真調查的猜測。

　　莫高窟愣伽經變歷中唐、晚唐、五代和北宋四個時期，上下二百年，但由於它們都依據七卷本繪製，其內容和構圖形式都變化不大，一般可分為序品、眾多小說法會（大慧菩薩請問）和譬喻畫三部分，每一部分包括若干畫面。這些楞伽經變的構圖比較單一，一般是正中繪序品，兩側和下方繪眾多小說法會和譬喻畫。

1. 序品

　　《楞伽經》意即佛在摩羅耶山頂楞伽城中所說之經。摩羅耶山在今斯里蘭卡境內，西元前三世紀以後，斯里蘭卡島上佛教興盛，[13]七卷本序品中也說：「昔諸如來應正等覺，皆於此城說自所得聖智證法。」《楞伽經》的編纂者把佛這次說法場地安排在摩羅耶山上，與該地區佛教興盛有一定關係。

　　序品的主要內容是：有一次，佛在摩竭海中為海龍王說法，七日後上岸，楞伽城城主羅婆那王下山請佛去說法，佛即赴楞伽城說法，是為《楞伽經》之由來。

　　在楞伽經變中，這一簡單情節得到大肆渲染和鋪張。序品在全經（以下不注明者均為七卷本）中，約占二十分之一的篇幅，而在經變中，序品占整個經變畫面的二分之一左右。敦煌壁畫中的許多經變也是用很大畫面來表示序品（序分）內容的，即在正中畫一大說法會。相異於其他經變的是，在經變的正中繪出摩羅耶山。

　　楞伽經變正中是巨大的山（摩羅耶山），山的四周為大海（摩竭海）。山的形狀與一般的山不同，是上下大，中間狹小的細腰山。這都與經文記載相符。經文一開頭就說：「如是我聞，一時佛住大海濱摩羅

13　渥德爾著、王世安譯：《印度佛教史》，商務印書館 1987 年版，第 295–297 頁。

耶山頂楞伽城中，與大比丘眾及大菩薩眾俱」。稍後提到「如來坐如須彌楞伽山頂，欣然大笑」，可知摩羅耶山的形狀「如須彌」。須彌山在佛經常常提及，一般認為在海中，細腰，莫高窟最早的須彌山形像見於西魏第二四九窟窟頂西披，以後在維摩詰經變中常見（其他內容的壁畫中也有）。一般經變中並不突出對說法地點的描繪，而是強調佛說法場面，在畫面中央畫巨大的說法會。而楞伽經變不同，正中畫巨大的屹立在海中的須彌形摩羅耶山，佛在山頂楞伽城中說法的場面卻很小，這是楞伽經變區別其他經變的主要特徵。

在摩羅耶山周圍繪有序品的其他內容，主要有以下幾組畫面：

（1）龍宮說法

畫面：山右側海水中，有一宮殿。佛在宮內為龍王說法，佛旁有弟子和菩薩脅侍。佛對面為龍王，龍王身旁有侍從若干。佛與弟子、菩薩乘彩雲從龍宮飛到岸邊。山的兩側海水中有龍頭浮現，岸上有狀如俗人、菩薩者在迎接。有的楞伽經變還畫有空中諸神（如第456窟）。

解讀：上述畫面所依據的經文是：「爾時世尊於海龍王宮說法，過七日已，從大海出，有無量億梵釋、護世諸天龍等，奉迎於佛。」

（2）請佛上山

畫面：一房子（宮殿）從楞伽城飛向海岸，內坐若干人。岸邊一鋪說法會，佛對面跪一十頭人身者（有的楞伽經變只畫一頭）。房子飛向山頂，內坐若干人。

解讀：這組畫面所根據的經文是：「爾時羅婆那夜叉王以佛神力聞佛言音，遙知如來從龍宮出……（便）於其城中高聲唱言：『我當詣佛，請入此城，令我及與諸天世人於長夜中得大饒益』。作是語已，即與眷屬乘花宮殿往世尊所。」在海岸邊，佛與羅婆那王互相稱讚一番，

然後佛答應受請上山說法，「時羅婆那王即以所乘妙花宮殿奉施於佛。佛坐其上，王及諸菩薩前後導從。無量彩女歌詠讚歎，供養於佛，往詣彼城。」

關於羅婆那王的形像，序品也有交代：「對佛稱己名，我是羅剎王，十首羅婆那。」需要指出的是，在上、下山的畫面中，房子的後面有長長的近粗遠細的彩雲，表示飛行的方向。飛行基本處於直下直上狀態，動感十分強烈。相比之下，佛出龍宮時，身後的雲彩是冉冉升起，不是直上直下，也畫得較厚，因而顯得舒緩、穩重，有一種對比的效果。

（3）楞伽說法

畫面：摩羅耶山頂楞伽城畫一說法會。山的左、右側海水中，有三四座小摩羅耶山，諸小山上畫一城，沒有人物和說法會。

解讀：這組畫面所根據的經文是：「（佛到愣伽城後）爾時世尊以神通力，於彼山中復更化作無量寶山，悉以諸天百千萬億妙寶嚴飾。一一山上皆現佛身，一一佛前皆有羅婆那王及其眾會。十方所有一切國土皆於中現，一一國中悉有如來，一一佛前咸有羅婆那王並其眷屬、楞伽大城、阿輸迦園。如是莊嚴，等無有異。一一皆有大慧菩薩而興請問，佛為開示自證智境。以百千妙音說此經已，佛及諸菩薩皆於空中隱而不現。」

從上述經文中，我們知道摩羅耶山周圍的若干小山是佛以神通力化作的。佛說完《楞伽經》，小山消失，佛和侍從也消失。通過這些幻象，使聽法者「復更思維：一切諸法性皆如是，唯是自心分別境界」。從而「尋即開悟，離諸雜染，證唯自心，住無分別」。

有趣的是，這些幻像是與佛「以百千妙音說此經」相始終的，猶如戲劇中的背景。把抽象枯燥的說教置於華美宏大的氣氛中，可見《楞

伽經》作者具有豐富的想像力，楞伽經變的也把這段經文恰當地在畫面中表現出來。

（4）羅婆那王供養於佛

畫面：經變最上層為彩雲，雲中有城垣、房屋、山林、人物、飛天等。

解讀：此畫面也是根據「勸請品」繪製的。佛說完法，告訴羅婆那王：「汝定當得如上所說不思議事，處如來位，隨形應物。汝所當得，一切二乘及諸外道、梵釋天等所未見。」羅婆那王聽後十分高興：「即於清淨光明如大蓮花寶山頂上從座而起，諸彩女眾之所圍繞。化作無量種種色花，種種色香、末香、塗香、幢幡、幢蓋、冠珮、瓔珞及餘世間未曾見聞種種勝妙莊嚴之具；又復化作欲界所有種種無量諸音樂器，過諸天龍、乾闥婆等一切世間之所有者；又復化作十方佛土，昔所曾見諸音樂器；又復化作大寶羅網，遍覆一切佛、菩薩上；復現種種上妙衣服，建立幢幡，以為供養。作是事已，即升虛空，高七多羅樹，於虛空中復雨種種諸供養云，作諸音樂，從空而下。」看來，羅婆那王也有像佛一樣的神通力（圖1）。

在《楞伽經》的序品中，我們發現序品具有濃厚的文學性和趣味性，與後面各品大不相同。英國學者渥德爾認為：「這個有趣的背境，連同末後幾品一起，無疑是後來增加的。」[14]筆者以為這個有趣的背景是該經編定時即有，因為大部分佛經的序分中都有「如是我聞一時佛在某地與某某眾俱。」我們不能完全相信佛真的在某地說經佛經中的一些細節不能過於認真。《楞伽經》的序分確實與正宗分關係不大，但不能就此認為它是後來增加的內容。或許《楞伽經》編纂者考慮到吸引普通信眾的原因而創造了這個有趣的序品。

---

14 渥德爾著、王世安譯：《印度佛教史》，商務印書館 1987 年版，第 401 頁。

▲ 圖1 一五六窟楞伽說法

2. 說法會

說法會是佛教藝術中常見的題材，莫高窟楞伽經變的說法會有以下幾個特點：

（1）主體說法會規模小敦煌壁畫中的大部分經變都在畫面正中畫一鋪大型說法會，畫面約占整鋪經變的一半左右。當中，虔誠恭聽的弟子和菩薩、陣容龐大的歌舞伎與樂隊、富麗堂皇的樓臺亭閣等場面襯托出佛說法時的莊嚴法相，在整鋪經變中占主體地位。這些大型說法會相當於各經的序分，即描繪佛在某地為某某說法，而正宗分的內容則繪於說法會的兩側和下層。

楞伽經變則例外，它沒有大型說法會，繪於摩羅耶山頂的主體說法會很小，同下面將要介紹的眾多的小說法會規模差不多。沒有歌舞伎樂，沒有樓臺亭閣，摩羅耶山高大醒目，與其他經變大異其趣。在這裡，楞伽經變對山的處理別具匠心，試同法華經變作一比較。

　　《法華經》的説法地點是在耆闍崛山（靈鷲山），在莫高窟法華經變中，耆闍崛山畫得很小，在經變中不占重要地位。同樣是佛在山上説法，古代畫家卻創造出兩種不同的構圖：法華經變側重於對説法場面的描繪，把山畫得幾可忽略的程度（參看 159、85、61 等窟的法華經變）；楞伽經變則側重於對摩羅耶山的描繪，把該山畫得巍峨險峻、氣勢雄偉，而説法場面卻畫得很簡單。如第八五窟楞伽經變的主體説法會只有一佛二菩薩八聽法者，佛前沒有樂舞場面，只有一張桌子，上置三件法器，僅此而已。同樣的説法環境，古代畫家採取了兩種不同的處理方法，於此可見從經文到經變是古代畫家的藝術創造。

　　（2）小型説法會多

　　小型説法會眾多是莫高窟楞伽經變的另一主要特點。在序品的兩側和下層，分布著十幾鋪乃至二十餘鋪説法會，並且兩側的説法會基本對稱或數目大致相等。在一鋪經變中有如此多的説法會，這在莫高窟其他經變中並不多見。這些説法會的畫面簡單，一般為佛結跏趺坐在説法，旁邊有若乾弟子菩薩脅侍，大慧菩薩跪在佛前請問。這些説法會規模、構圖形式都基本相同，不通過榜題，就不知道它們所代表的意義。

　　在楞伽經變中，楞伽城説法會是主體説法會，籠統代表這次説法；其餘十幾鋪、二十幾鋪説法會則是表示佛在解答大慧菩薩所發問的具體問題。如第六一窟愣伽經變西側上角的一鋪説法會的榜題是：「爾時大惠（按：敦煌遺書和壁畫榜題上常把「慧」字寫成「惠」字）請佛説諸因緣。」該榜題所據原文是：「爾時大慧菩薩摩訶薩復請佛言：『願説一切法因緣相，令我及諸菩薩摩訶薩了達其義，離有無見，不妄執諸法漸生頓生。』」把抽象的內容用説法會加榜題的形式在壁畫上表現出來，並且廣泛、大量運用。

3. 譬喻畫

莫高窟楞伽經變中還有根據經文中少則數字、多則數十字的譬喻和一些帶情節的小故事（本生故事）而繪製的一些畫面，此權統稱為譬喻畫（嚴格說來，應該稱情節畫，因為本生故事不是譬喻，但在此經變中是借喻）。

在一鋪楞伽經變中，一般有十幾幅譬喻畫，有的多達二十餘幅。由於是根據譬喻而繪，一個畫面即是一個獨立單位，各畫面之間沒有任何連繫。這與莫高窟觀音經變中各個小畫面以救苦救難為主題的情況不同，也與觀無量壽經變、報恩經變、涅槃經變等經變中的各個小畫面之間相互聯貫的情況不同。

這些譬喻畫分布特點，可分為兩種，一種是分布在經變的下層，上層為序品和說法會，如第二三六、一三八、六一窟的楞伽經變。明顯地把該經變分為序品、小說法會和譬喻畫三部分，條理井然。另一種布局方式是把大部分譬喻畫仍畫在下層，少數譬喻畫穿插在說法會與說法會之間，如第八五、一五六、九、五五、四五四、四五六窟的楞伽經變。這種分布使整個經變的空間得到充分利用構圖活潑。

楞伽經變中的序品帶有神話色彩，諸多小說法會則略顯枯燥，而眾多的譬喻畫使人們感到生活氣息濃厚。如火燒宮殿的經文依據可能是卷一「勸請品」：「如燒宮殿園林，見種種焰，火性是一。所出光焰由薪力故，長短大小各各有別。汝今云何不如是知法與非法差別之相？」即火苗有大有小，但火的屬性是一樣的。第九、八五、一三八、一五六、六一、四五四、四五六窟的楞伽經變中都有這樣一個畫面：一毒蛇搖頭擺尾，正追逐一人。那人手忙腳亂，回頭驚恐地盯著緊隨而來的蛇，一副狼狽逃避的樣子。這是根據「愚不了繩，妄取以為蛇……但自心倒惑，妄起繩分別」一段經文繪製的。經文援引日常

生活中常有人誤把草繩當毒蛇而驚慌失措的例子，譬喻人們有時對客觀世界的錯誤判斷。又如第二三六、八五、四五九、六一、五五、四五四窟的楞伽經變中有一幅母子圖，只畫了一大人一小人，構圖十分簡單。這是根據「如母語嬰兒：『汝勿須啼泣，空中有果來，種種任汝取。』我為眾生說，種種妄計果。令彼愛樂已，法寶離有無」而繪製的。以母親們常用子虛烏有的謊言來哄騙哭鬧不已的小孩這個例子，說明佛藉助言行使眾生懂得「法寶離有無」這一哲理。這又是一幅千年前的社會風情畫，使人們形像地看到古今相同的哄孩止哭的方法。其他如製陶、晾衣、雜技、打獵、屠宰等等譬喻畫都充滿了生活氣息。《楞伽經》中擷取日常生活的片斷來說明大乘有宗思想的文字不多，而楞伽經變創作者較多地在經變中表現了這些字數不多的譬喻，使經變妙趣橫生，引人入勝。

楞伽經變主要譬喻畫

	中唐	晚唐					五代		北宋			
	236	156	85	9	138	459	4	61	55	231	454	456
服藥	○	○	○	○	○	○	?	○	○	○	○	○
制陶	○	○	○	○	×	?	?	○	○	?	○	×
照鏡	×	○	○	○	×	?	?	○	○	?	○	○
頂竿	○	○	○	○	○	?	?	○	○	○	○	○
屠宰	○	○	○	○	○	?	?	○	×	?	×	×
菩薩為眾獸說法	○	○	○	○	○	?	?	○	×	?	○	○
救鴿	○	○	○	○	○	?	○	○	○	?	○	○
打獵	○	○	○	○	×	○	○	○	○	?	○	○
僧人誦經	×	○	○	×	○	?	?	○	○	?	○	×
大象陷深泥	×	○	○	○	○	?	?	○	○	○	○	○

	中唐	晚唐					五代		北宋			
毒蛇追人	×	○	○	○	○	?	?	○	○	?	○	○
母子	○	×	○	×	×	○	?	○	○	?	○	×
鳥立牛背	○	○	○	○	×	×	?	○	○	?	○	×
曬衣	○	○	○	○	○	○	?	○	○	?	○	×
火燒宮殿	×	○	○	○	○	○	?	×	○	?	○	×

　　值得注意的是，在莫高窟楞伽經變中，又重新出現了常見於早期壁畫上的屍毗王割肉救鴿圖（以下簡稱為救鴿圖）。除第四五九窟楞伽經變因毀損嚴重，情況不明外，其餘的楞伽經變均畫有救鴿圖。但其構圖、經典依據都不同於早期的救鴿圖，試以第八五窟救鴿圖為例，略加述論。該圖中，屍毗王只穿短褲，坐在凳上，雙手合十，目視遠方，身後站立兩王妃（或許是侍女）。一人持刀正割著屍毗王的腿，血流如注，地上積一灘血。屍毗王前面有一棵樹和一桿秤，秤旁有掌秤人。秤的一頭是鴿子，另一頭放有四塊肉。鴿重肉輕秤桿傾斜著。秤的橫桿上站著一鷹，體型極大，正眈眈注視著秤盤上的肉（圖 2）。與早期救鴿圖（參見莫高窟北魏第二五四窟北壁的救鴿圖）把鷹逐鴿、鴿向屍毗王求救、割肉、稱肉、天人讚歎等場面在一個畫面上表示出來這一構圖不同的是，該救鴿圖只攝取割第五塊肉時的瞬間情景。人物形像、服飾、坐具等都不同於早期的救鴿圖，具有鮮明的時代特徵。

　　莫高窟早期的救鴿圖所根據的佛經似乎還沒有徹底探討過，一般都認為天帝釋為考驗屍毗王而讓大臣變為鴿，自己變為鷹，屍毗王為救鴿而割肉給鷹。這一情節在《六度集經》《大莊嚴論經》《大智度論》《菩薩本生蔓論》《賢愚經》等經中均有相同的記載。而《楞伽經》卻記載：「釋提桓因（即天帝釋）處天王位，以於過去食肉餘習，變身為鷹而逐於鴿。我時作王，名屍毗，愍念其鴿，自割身肉，以代其命。」

與其他經典記載大不相同。只有唐朝智儼譯的《佛説師子素馱娑王斷
肉經》因系譯自《楞伽經・斷食肉品》，也説天帝釋變鷹是前生食肉之
故。其餘諸經均無天帝釋食肉而受鷹身之説，當為《楞伽經》作者為
了需要而牽強附會。

▲ 圖2　屍毗王本生

范文瀾先生説：「唐末五代……（禪宗）又恢復淨土宗式的營造雕
刻、陳設佛像及各宗派的菩薩。」[15]我們還不能肯定莫高窟楞伽經變是
純禪宗的題材，但中唐以後，其他各宗大多衰落，而禪宗卻得到很大
發展。根據範文瀾、呂澄先生的論斷，莫高窟中唐到北宋約二百年
間，楞伽經變一再繪製，與禪宗恐非毫無關係。

（原標題《敦煌石窟〈楞伽經變〉初探》，刊於《敦煌研究》1990
年第2期。此文發表後，賀世哲師曾撰二文：《敦煌楞伽經變使用唐譯
七卷本〈楞伽經〉原因試析》，《敦煌研究》2009年第3期；《敦煌楞伽
經變考論》，《敦煌研究》2011年第4期。又原發表時有第85窟楞伽經
變榜題校錄，有若干錯漏，因此這次發表使用民族出版社2012年出版

15　《唐代佛教》，人民出版社1979年版，第78頁。

的陳菊霞《敦煌翟氏研究》一書的楞伽經變示意圖與榜題錄文，感謝陳菊霞提供）。

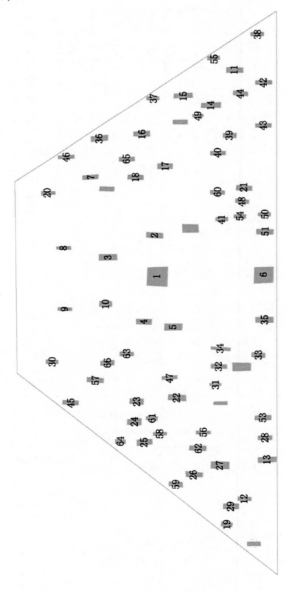

八五窟東坡《楞伽經變》榜題標示圖

第八五窟東坡《楞伽經變》榜題、經文對照表

序號	榜題	經文	品
1	大乘入楞伽經羅婆那勸請品第一／如是我聞一時佛住大海濱摩羅邪山頂楞／伽城中與大比丘眾及大菩薩眾俱／其諸菩薩摩訶薩悉已通達五法／三性諸識無我善知境界自心現義／遊戲無量自在三摩地神通諸力隨／眾生心現種種形方便調伏一切諸佛手／灌其頂皆從種種諸佛國土而來此會／大慧菩薩摩訶薩為其上首	如是我聞。一時佛住大海濱摩羅耶山頂楞伽城中，與大比丘眾及大菩薩眾俱。其諸菩薩摩訶薩悉已通達五法三性諸識無我善知境界自心現義，遊戲無量自在三昧神通諸力，隨眾生心現種種形方便調伏，一切諸佛手灌其頂，皆從種種諸佛國土而來此會，大慧菩薩摩訶薩為其上首。	
2	爾時世尊於海龍王宮說法／過七日已從大海出有無量億梵／釋護世諸天龍等奉迎於佛	爾時世尊於海龍王宮說法，過七日已，從大海出，有無量億梵釋、護世諸天龍等奉迎於佛。	羅婆那王勸請品
3	爾時羅婆王以□神力聞佛言音遙／知如來從龍宮出梵釋護世天龍國／□見……其眾會識藏大海境／……起發歡喜心	爾時羅婆那夜叉王以佛神力聞佛言音，遙知如來從龍宮出，梵釋、護世天龍圍遶。見海波浪，觀其眾會藏識大海境界風動轉識浪起，發歡喜心，於其城中高聲唱言：「我當詣佛請入此城。」	
4	到已下殿右繞三匝作眾伎樂供養如／來所持樂器皆是大青因陀羅□／琉璃等寶以為間錯無價寶衣／□□其聲美妙音節相和	到已，下殿右遶三匝，作眾伎樂，供養如來。所持樂器皆是大青因陀羅寶、琉璃等寶以為間錯，無價上衣而用纏裏，其聲美妙，音節相和。	
5	於中說偈而贊佛日心自性法藏無我□／證智……為……善法集為身／證智常安樂變化自在□願入楞伽城	於中說偈而讚佛日：「心自性法藏，無我離見垢，證智之所知，願佛為宣說，善法集為身，證智常安樂，變化自在者，願入楞伽城。」	

序號	榜題	經文	品
6	爾時世尊聞是語已即告之言藥叉王過／去世中諸大道師咸哀愍汝受汝勸請詣寶／山中説自證法未來諸佛亦復如是此是修／行甚深觀行現法樂者之所住處我及諸／菩薩哀愍汝故受汝所請作是語已默然／而住時羅婆那王即以所乘妙花宮殿奉／施於佛佛座其上王及諸菩薩前後道／從無量婇女歌詠讚嘆供養於佛	爾時世尊聞是語已，即告之言：「夜叉王，過去世中諸大導師咸哀愍汝，受汝勸請，詣寶山中説自證法，未來諸佛亦復如是。此是修行甚深觀行現法樂者之所住處，我及諸菩薩哀愍汝故，受汝所請。」作是語已，默然而住。時羅婆那王即以所乘妙花宮殿奉施於佛，佛坐其上，王及諸菩薩前後導從，無量婇女歌詠讚歎，供養於佛，往詣彼城。	羅婆那王勸請品
7	爾時世尊以神通力於彼山中復更化／作無量寶□……諸天百千萬億妙／寶嚴飾一一山上皆現佛身一一佛前□／有羅婆那王及其眾會	爾時世尊以神通力，於彼山中復更化作無量寶山，悉以諸天百千萬億妙寶嚴飾，一一山上皆現佛身，一一佛前皆有羅婆那王及其眾會，十方所有一切國土皆於中現，一一國中悉有如來，一一佛前咸有羅婆那王並其眷屬、楞伽大城、阿輸迦園。	
8	時虛空……／……彌……	時虛空中梵釋四天遙見如來坐如須彌愣伽山頂欣然大笑。	
9	爾時諸……／如來……／身放光明……	爾時諸菩薩及諸天眾咸作是念：「如來世尊於法自在何因緣故欣然大笑？身放光明，默然不動，住自證境，入三昧樂，如師子王周迴顧視，觀羅婆那念如實法。」	

序號	榜題	經文	品
10	爾時大慧菩薩摩訶先□□□／那王請復知菩薩眾會之心□□□／來一切眾生皆悉樂著語／隨說□義而生……	爾時大慧菩薩摩訶薩先受羅婆那王請，復知菩薩眾會之心，及觀未來一切眾生皆悉樂著語言文字，隨言取義而生迷惑，執取二乘外道之行。	羅婆那王勸請品
11	爾時大慧菩薩摩訶薩復白言世尊唯／願為我說心意識五法自性相眾妙法／門此是一切諸佛菩薩入性心境離所行／相稱真實義	爾時大慧菩薩摩訶薩復白佛言：「世尊，唯願為我說心意意識五法自性相眾妙法門，此是一切諸佛菩薩入自心境離所行相，稱真實義諸佛教心。」	
12	辟如明鏡頓現色像如來說／漸而非頓	轉識或頓生，譬如明鏡現眾色像。	集一切法品
13	辟……病……如來為眾／□心應量說	譬如眾病人，良醫隨授藥，如來為眾生，隨心應量說。	
14	復次大慧菩薩摩訶薩若欲了知能取／所取分別境界皆是自心之所現者當離憒／□昏滯睡眠初中後夜勤加修習遠離曾聞／外道邪論及二乘法通達自心分別之相	復次大慧，菩薩摩訶薩若欲了知能取所取分別境界皆是自心之所現者，當離憒鬧昏滯睡眠初中後夜勤加修習，遠離曾聞外道邪論及二乘法，通達自心分別之相。	
15	復次大慧菩薩摩訶薩住智慧心所住／相於上聖智三相當勤修學何者為三所／謂無影……諸佛願□持相	復次大慧，菩薩摩訶薩住智慧心所住相已，於上聖智三相當勤修學。何者為三？所謂無影像相、一切諸佛願持相、自證聖智所趣相。	
16	……摩訶薩知諸菩薩／□之所念……神之力白佛□□／……	爾時大慧菩薩摩訶薩知諸菩薩心之所念，承一切佛威神之力，白佛言：「唯願為說百八句差別所依聖智事自性法門。」	

序號	榜題	經文	品
17	爾時大慧菩薩摩訶薩復白言世／尊彼豈不以妄見起相比度觀待／妄計無耶佛言不以分別起相	爾時大慧菩薩摩訶薩復白佛言：「世尊，彼豈不以妄見起相，比度觀待妄計無耶？」佛言：「不以分別起相待以言無。」	
18	……／□□而白佛言世尊云何□□眾生／自心現□為……	爾時大慧菩薩摩訶薩為淨心現流故而請佛言：「世尊，云何淨諸眾生自心現流？為漸次淨、為頓淨耶？」	
19	如陶師造器漸成非頓諸佛如來／淨□眾生□心現流亦復如是漸／而□	如陶師造器，漸成非頓。諸佛如來淨諸眾生自心現流亦復如是，漸而非頓。	
20	復次大慧法性所流佛説一切法自／相共相自心現習氣因相妄計性所／執因相更相系屬	復次大慧，法性所流佛説一切法自相共相，自心現習氣因相，妄計性所執因相，更相系屬種種幻事，皆無自性。	集一切法品
21	大慧辟如幻師以幻術力依草木瓦石／幻作眾生若千色像令其見者種種／□□皆無真實大慧此亦如是	大慧，譬如幻師以幻術力，依草木瓦石幻作眾生若干色像，令其見者種種分別，皆無真實。大慧，此亦如是。	
22	復次大慧聲聞乘有二種差別相／所謂自證聖智殊勝相分別執／著自性相	復次大慧，聲聞乘有二種差別相：所謂自證聖智殊勝相、分別執著自性相。	
23	爾時大慧菩薩摩訶薩白佛言世／尊如來所説常不思議自證聖智□一義境□□同諸外道所説常／不思議作者邪	爾時大慧菩薩摩訶薩白佛言：「世尊，如來所説常不思議自證聖智第一義境，將無同諸外道所説常不思議作者耶？」	

序號	榜題	經文	品
24	佛言大慧非諸外道□者得常不思／議所以者何諸外道常不思議因／自相不成既因自相不成□□顯示……	大慧，非諸外道作者得常不思議。所以者何？諸外道常不思議因自相不成，既因自相不成，以何顯示常不思議？	
25	復次大慧諸聲聞為生死妄相苦而／求涅槃不知生死涅槃差別之相一切皆／是妄分別有無所有故妄相未來諸根／境滅以為涅槃	復次大慧，諸聲聞畏生死妄想苦而求涅槃，不知生死涅槃差別之相一切皆是妄分別有，無所有故，妄計未來諸根境滅以為涅槃，不知證自智境界轉所依藏識為大涅槃。	
26	復次大慧有五種種性何等五種／聲聞乘種性緣覺乘種性如來／乘種性不□種性無種性	復次大慧，有五種種性，何等為五？謂聲聞乘種性、緣覺乘種性、如來乘種性、不定種性、無種性。	集一切法品
27	大慧云何知是聲聞乘種性謂若聞／說於蘊界處自相共相若知若證／舉身毛豎心樂修習於緣起相不／樂觀察應知此是聲聞乘種性	大慧，云何知是聲聞乘種性？謂若聞說於蘊界處自相共相，若知若證，舉身毛豎，心樂修習，於緣起相不樂觀察，應知此是聲聞乘種性。	
28	預流一來果不還阿羅漢／是等諸聖人其心悉迷惑	預流一來果，不還阿羅漢，是等諸聖人，其心悉迷惑。	
29	復次大慧此中一闡提何故於解脫中／不生欲樂大慧以捨一切善根故為無／始眾生起願故云何捨一切善根謂謗／菩薩藏言此非隨順	復次大慧，此中一闡提何故於解脫中不生欲樂？大慧，以捨一切善根故，為無始眾生起願故。云何捨一切善根？謂謗菩薩藏言：「此非隨順契經調伏解脫之說。」作是語時，善根悉斷，不入涅槃。	

序號	榜題	經文	品
30	復次大慧菩薩摩訶……／觀察二……／我相……我相……	復次大慧，菩薩摩訶薩當善觀察二無我相。何者為二？所謂人無我相、法無我相。	集一切法品
31	如河流如浮躁不安	如河流、如種子、如燈焰、如迅風、如浮雲，躁動不安。	
32	如燈焰如浮雲躁動不安	如河流、如種子、如燈焰、如迅風、如浮雲，躁動不安。	
33	如獼猴樂不□處飛蠅／不知厭足	躁動不安如獼猴，樂不淨處如飛蠅。	
34	如猛火無始虛偽習氣為因諸有趣中／流轉不息	不知厭足如猛火，無始虛習氣為因，諸有趣中流轉不息。	
35	身資財所住唯心影像凡愚不能了／起建立誹謗所起但是心離心不可得／世間唯是心示視種種身	身資財所住，皆唯心影像，凡愚不能了，起建立誹謗，所起但是心，離心不可得，佛子能觀見，世間唯是心，示現種種身。	
36	大慧衢路市肆諸賣肉人或將犬馬人／牛等肉為求利故而販鬻之如是雜穢／云何可食大慧一切諸肉皆是精血汗穢／所成求淨人云何取食大慧食血之人眾生／見之悉皆驚怖修慈心者何取食	大慧，衢路市肆諸賣肉人或將犬馬人牛等肉，為求利故而販鬻之。如是雜穢云何可食？大慧，一切諸肉皆是精血污穢所成。求清淨人云何取食？大慧，食肉之人眾生見之，悉皆驚怖，修慈心者云何食肉？	斷食肉品
37	愚夫貪……／彼惡……	愚夫貪嗜肉，臭穢無名稱，與彼惡獸同，云何而可食。	
38	大慧菩薩衛護眾生信心令於／佛法不生譏謗以慈潛故無令／相食是故菩薩不應食肉	大慧，菩薩為護眾生信心，令於佛法不生譏謗，以慈愍故，不應食肉。	

序號	榜題	經文	品
39	大慧若我弟子食噉於肉令諸世人／悉懷譏謗而作是言云何沙門修淨／行人棄捨天仙所食之味	大慧，若我弟子食噉於肉，令諸世人悉懷譏謗，而作是言：「云何沙門修淨行人棄捨天仙所食之味，猶如惡獸，食肉滿腹，遊行世間，令諸眾生悉懷驚怖。」	
40	猶如惡獸食肉滿腹遊行世間令諸／眾生悉懷驚怖壞清淨行失沙門道／是□當知佛法之中無調伏行菩薩慈愍／為護……不食……如是之心不應食肉／	猶如惡獸，食肉滿腹，遊行世間，令諸眾生悉懷驚怖，壞清淨行，失沙門道。是故當知佛法之中無調伏行，菩薩慈愍，為護眾生，令不生於如是之心，不應食肉。	
41	大慧夫食肉者諸天遠離口氣常／夢不安覺已憂悚夜叉／惡鬼□其口氣□多驚怖食不知足□／生瘡□恆被諸□之……	大慧，夫食肉者諸天遠離，口氣常臭，睡夢不安，覺已憂悚。夜叉惡鬼奪其精氣，心多驚怖，食不知足，增長疾病，易生瘡癬，恆被諸蟲之所唼食。	斷食肉品
42	大慧釋提恆因處天王位已於過去食肉／餘習變身為鷹而逐於鴿我時作王名曰屍毗／愍念其鴿自割身肉以代其命	大慧，釋提桓因處天王位，以於過去食肉餘習，變身為鷹而逐於鴿。我時作王名曰屍毗，愍念其鴿，自割身肉以代其命。	
43	大慧帝釋餘習尚惱眾生況余無慚常／食肉者□知食肉自惱惱他是故菩薩不應／食肉	大慧，帝釋餘習尚惱眾生，況餘無慚常食肉者？當知食肉自惱惱他，是故菩薩不應食肉。	
44	夫食肉者無量過失斷而不食／獲大功德凡愚不知如是損益是／故我今為汝開演凡是肉者不應食	夫食肉者，有如是等無量過失，斷而不食，獲大功德，凡愚不知如是損益。是故我今為汝開演，凡是肉者，悉不應食。	

序號	榜題	經文	品
45	悉曾為親屬眾穢所成長／恐怖諸含生如是不淨物／修行者遠離	悉曾為親屬，眾穢所成長，恐怖諸含生，是故不應食，一切肉與蔥，韭蒜及諸酒，如是不淨物，修行者遠離。	斷食肉品
46	屠兒□□□夜叉羅剎婆／是等種□□斯由食肉□	獵師旃荼羅，屠兒羅剎娑，此等種中生，斯皆食肉報。	
47	汝四大不調變吐見螢□所見皆非有世間亦如是	如四大不調，變吐見螢光，所見皆非有，世間亦如是。	
48	如以墨塗雞無智者妄取／實無有三乘愚夫不能了	如以墨塗雞，無智者妄取，實無有三乘，愚夫不能見。	頌品
49	日□燈□焰大眾及摩尼／無分別作用諸佛亦如是	日月燈光焰，大種及摩尼，無分別作用，諸佛亦如是。	
50	南天竺國中有名德比丘／厥號為龍樹能破有無宗	南天竺國中，大名德比丘，厥號為龍樹，能破有無宗。	
51	世間中顯我無上大乘法／□初歡喜地往生安樂國	世間中顯我，無上大乘法，得初歡喜地，往生安樂國。	
52	常守護諸根善解經律義／不狎諸俗人是名修行者	常守護諸根，善解經律義，不狎諸俗人，是名修行者。	
53	塚間及餘處三衣常隨身／若闕衣服時來施者應受	塚間及餘處，三衣常隨身，若闕衣服時，來施者應受。	
54	□食出遊行前視一□地／而行□／……猶如蜂	乞食出遊行，前視一尋地，攝念而行乞，猶如蜂採花。	
55	愚夫為相□隨見聞覺知／自分別顛倒戲論諸所動	愚夫為相縛，隨見聞覺知，自分別顛倒，戲論之所動。	
56	如象溺深泥不能復移動／聲聞住三昧昏熱亦復然	如象溺深泥，不能復移動，聲聞住三昧，昏熱亦復然。	
57	心能□□身意恆□思慮／意識諸識俱了自□□□	心能持於身，意恆審思慮，意識諸識俱，了自心境界。	

序號	榜題	經文	品
58	如愚不了繩妄取以為蛇不了自心現／妄分別外境如是繩自體一異性皆離／但自心倒惑妄起繩分別	如愚不了繩，妄取以為蛇，不了自心現，妄分別外境，如是繩自體，一異性皆離，但自心倒惑，妄起繩分別。	
59	如母語嬰兒汝勿須啼泣空中有果來／種種任汝取我為眾生說種種妄計果／今彼愛樂已法實離有無	如母語嬰兒：「汝勿須啼泣，空中有果來，種種任汝取。」我為眾生說，種種妄計果，令彼愛樂已，法實離有無。	
60	如鳥遊虛空隨分別而起無依亦無住／如履地而行眾生亦如是隨於妄分別／猶如於自心如鳥在虛空	如鳥遊虛空，隨分別而去，無依亦無住，如履地而行，眾生亦如是，隨於妄分別，遊履於自心，如鳥在虛空。	
61	身資國土影佛說唯心起願說影唯心／何因云何起身資國土影皆由習起轉／亦因不如理分別諸所生	身資國土影，佛說惟心起，願說影惟心，何因云何起？身資國土影，皆由習氣轉，亦因不如理，分別之所生。	頌品
62	如乾城幻等悉持因緣有諸法亦如是／是生非不生分別於人法□起二□我／□但世俗說愚夫不	如乾城幻等，悉待因緣有，諸法亦如是，是生非不生，分別於人法，而起二種我，此但世俗說，愚夫不覺知。	
63	如衣離□□□亦如金□□□／衣金俱不壞夢中我亦然	如衣得離垢，亦如金出鑛，衣金俱不壞，心離過亦然，無智者推求，箜篌蠡鼓等，而覓妙音聲，蘊中我亦爾。	
64	猶如伏藏寶亦如地下水／唯有不可見蘊中我亦□／心心所功能	猶如伏藏寶，亦如地下水，雖有不可見，蘊真我亦然，心心所功能。	
65	王有四天下法教久臨禦上升於天空／由貪皆退失純善及三時二時並極惡／餘佛出善時釋迦出惡世	王有四天下，法教久臨禦，上昇於天宮，由貪皆退失，純善及三時，二時並極惡，餘佛出善時，釋迦出惡世。	
66	如愚□□木作□□□者……／妄計與真智當知亦復然	如愚執異材，作栴檀沈水，妄計與真智，當知亦復然。	

密嚴經變

　　《大乘密嚴經》，簡稱《密嚴經》，依佛說法地點在密嚴淨土而得名，漢譯本有兩種，均為三卷，一是（唐）地婆訶羅（日照）譯本，敦煌遺書 P.2261《大乘密嚴經》前的武則天御製《大唐後三藏聖教序》云地婆訶羅前後譯經凡有十部，「（《密嚴經》）以垂拱元年（685）歲次大梁月旅夷則汗青方就，裝縹畢功。」二是代宗永泰元年（765）不空譯本，序云：「此經梵書並是偈頌，先之譯者，多作散文。蛇化為龍，何必變於鱗介；家成於國，寧即改乎姓氏？矧論異輕重，或有異同；再而詳悉，可為盡善。」[1]詔不空重譯，是為同本第二譯。兩譯本均分上、中、下三卷，共八品。漢譯本譯出之前或稱之為《厚嚴經》。[2]

1　唐代宗：《大唐新翻密嚴經序》。《全唐文》卷四九亦收。

2　梵文本大約由初唐玄奘傳入，日本真興《唯識義私記》論及《厚嚴經》時云：「泰法師《佛地疏》云：法師持梵本來，若翻，可得五六卷許，然未翻也。」《大正藏》第 71 冊第 313 頁。按：靈泰《成唯識論疏抄》卷四記載：「《厚嚴經》。解云：讀誦此經者功德厚莊嚴經故名《厚嚴經》。此經西國有本，大唐無也。」泰法師是玄奘弟子，窺基《說無垢稱經疏》卷提到《佛地疏》：「後魏菩提流支法師云婆伽婆，語雖稍訛，意無別也，如《佛地疏》具詳之矣。」

經中自稱「《十地》《華嚴》等，《大樹》與《神通》，《勝鬘》及餘經，皆從此經出。」許多內容與《楞伽經》相同。該經闡述一切法乃心識所變，其五法、八識、三性、二無我等哲理為法相宗所重，被列為該宗基本經典「六經十一論」中的一經。

敦煌遺書中的《密嚴經》寫本不少，筆者對法國、英國、北京圖書館、臺灣等處收藏的五十多件《密嚴經》寫本一一作了核對，發現它們均屬於地婆訶羅譯本，沒有不空譯本。其中日本北三井 096 號（025–10–28 號）《大乘密嚴經》卷下使用武周新字，值得關注。[3]

密嚴經變不見於畫史記載，莫高窟壁畫中有五鋪密嚴經變，即：

中唐第一五八窟東壁門南；

晚唐第八五窟北壁西起第一鋪；

晚唐第一五〇窟北壁西起第一鋪；

五代第六一窟北壁西起第一鋪；

北宋第五五窟東壁門北。

除第一五八窟外，四鋪密嚴經變均存有部分榜題，經筆者抄錄核實，均出於地婆訶羅譯本，與敦煌遺書中所反映的情況（均為地婆訶羅譯本）相一致。

儘管不空譯出「《仁王》《密嚴》二經，皇帝特製經序。敕命頒行之日，慶雲大現，舉朝表賀，編之國史。」[4]但當時河西地區戰火紛飛，不空譯出之前一年（764 年），吐蕃陷涼州；後一年（766 年），吐蕃占領甘州、肅州。這部「敕命頒行」的《密嚴經》似乎未能迅速傳送到敦煌。敦煌遺書 S.2079《吐蕃統治時期敦煌龍興寺藏經目錄》只收一部

3　施萍亭：《日本公私收藏敦煌遺書敘錄》（1），《敦煌研究》1993 年第 2 期。

4　趙遷：《不空行狀》。又見《宋高僧傳》等書。

《密嚴經》，未注明譯者。從當時軍事形勢、筆者目前所能見到的敦煌遺書中無不空譯的該經等情況分析，這部入藏於龍興寺的《密嚴經》應是地婆訶羅譯本。

▲ 圖 1 一五八窟密嚴經變

▲ 圖 2 梵王請問

▲ 圖 3 天神請問

地婆訶羅譯本是流通本的原因之一，可能是不空譯本多偈頌，雖較為忠實於梵文，但表達上卻不及地婆訶羅譯本順達，地婆訶羅譯本較適合僧俗的理解與宣講。唐代就有講《密嚴經》的記載，如永泰二年（766），良賁向代宗呈上「《承明殿講〈密嚴經〉對御記》一卷」[5]。

5 圓照：《大唐貞元續開元釋教錄》卷中。

不過，良賁參與不空譯事，這次講經發生在不空譯經的次年，其所講的《密嚴經》當據不空譯本。地婆訶羅譯本較流行於世的另一個原因可能與《開元錄・入藏錄》有一定關係，因為「會昌廢佛以後，全國各地均以《開元錄・入藏錄》為標準檢查、統一本地、本寺院的藏經，斥偽補缺」[6]。不空譯本不在《開元錄・入藏錄》中，故影響不如久行於世的前譯本。

第一五八窟為中唐窟，以十六米長的涅槃塑像而著名，東壁門兩側各畫經變一鋪（北側金光明經變），東壁門南的經變由兩部分組成：上為說法會，下為八扇屏風畫，原定為天請問經變，因為屏風畫中有菩薩請問場面，而《天請問經》中只有天神請問，沒有菩薩請問，所以筆者一度定為思益梵天所問經變，因為該經有菩薩請問內容。[7]但筆者後來仔細考察畫面，注意到主說法會上有一組天神請問（為戴通天冠的帝王形像，帝釋天都是這樣形像，這裡指經中的淨居諸天）、一組梵天請問（為盔甲嚴身的天王裝束，梵天即梵天王，這裡是指經中的阿迦尼咤螺髻梵王）（圖1，2，3），均見於晚唐第八五窟、五代第六一窟、宋代第五五窟密嚴經變（第150窟密嚴經變下部毀，情況不明），可知這是密嚴經變。地婆訶羅譯《大乘密嚴經》卷中記載：「時諸佛子各從所住而來此國，爾時淨居諸天與阿迦尼咤螺髻梵王同會一處，咸於此土。」即畫面表示淨居諸天、螺髻梵王「同會一處」。至於下部八扇屏風畫的具體內容目前尚難確定。[8]

第一五〇窟密嚴經變的下部為清代醜陋不堪的壁畫所毀。上部正

6　方廣錩：《八至十世紀佛教大藏經史》，中國社會科學出版社1991年版，第289–290頁。

7　王惠民：《論〈思益經〉及其在敦煌的流傳》，《敦煌研究》1997年第1期。《敦煌石窟內容總錄》已經加上此內容。

8　王惠民：《敦煌莫高窟若干經變畫辨識》，《敦煌研究》2010年第2期。

中為一佛説法，兩側各有一大菩薩與二十七身脅侍菩薩，下方為水池。這種構圖形式類似觀無量壽經變、阿彌陀經變等，但沒有樂舞場面（其餘 3 鋪密嚴經變均有樂舞圖）。經變下方有一方大榜題，共十四行，現行數尚存，而文字僅存上部，錄如下：

1. 大乘密嚴 經 ……
2. 如是我聞一時……
3. 自在無礙神……
4. 處與諸鄰極……
5. 摩訶薩俱皆……
6. 所 依成就如……
7. 之宮為無量……
8. 大慧菩薩如實……
9. 在菩薩得大勢……
10. 金 剛 藏 菩薩……
11. 爾時如來應……
12. ……
13. 光 妙 莊 嚴 殿與……
14. 密嚴場師子之……

文字來源於地婆訶羅譯本卷上「密嚴會品」：

　如是我聞。一時佛住出過欲色無色無想於一切法自在無礙神足力通密嚴之國，非諸外道二乘行處，與諸鄰極修觀行者十億佛土微塵數菩薩摩訶薩俱，皆超三界心意識境，智意生身轉於所依，成就如幻首

楞嚴法云三昧，處離諸有蓮花之宮，為無量佛手親灌頂。其名曰摧異論菩薩、大慧菩薩、如實見菩薩、持進菩薩、解脫月菩薩、觀自在菩薩、得大勢菩薩、神通王菩薩、文殊師利菩薩、金剛藏菩薩，如是等菩薩摩訶薩而為上首。爾時如來應正等覺，自證智境現法樂住神通辯才現眾色像三昧而起，出虹電光妙莊嚴殿，與諸菩薩入於無垢月藏殿中，升密嚴場師子之座。

從經變中的水池樓閣等畫面看，現存部分表示的是淨土世界——密嚴佛土（又稱「密嚴淨土」「密嚴世界」「密嚴國」）。《密嚴經》第四品「顯示自作品」記載：「密嚴佛土是最寂靜，是大涅槃，是妙解脫，是淨法界，亦是智慧及以神通諸觀行者所止之處。本來常住，不壞不滅。水不能濡，風不能燥。非如瓶等，勤力所成，尋復破壞。非諸似因及不似因之所成立……唯是如來十地所修清淨智境。」第五品「分別觀行品」也提到「大心之人疾得生於光明宮殿，離諸貪慾、嗔恚、愚疾，乃至當詣密嚴佛土。此土廣博微妙寂靜，無諸老死衰惱之患，遠離眾相，非識所行，妄計之人所不能得。諸仁者，此土清淨，觀行所居」。華嚴宗大師法藏（643-712）曾參與地婆訶羅譯事，其《大乘密嚴經疏》卷二中對密嚴佛土也有解釋，如：「密嚴國人通達人、法二無我理」，「密嚴妙土，非煩惱雜，故云清淨」等等。[9]《密嚴經》即是佛「與諸菩薩入於無垢月藏殿中，升密嚴場師子之座」而為諸菩薩所演說之法。到了晚唐，敦煌各種淨土變都有繪製，構圖基本相似：正中一佛說法，兩側各有一大菩薩，許多小菩薩圍繞大菩薩，面佛聽法，下方為淨水蓮花、樓臺亭閣。如果不藉助榜題，第一五○窟這鋪具有淨土意境的經變因下部毀失而很難確定其名。

9　《續藏經》第 21 冊，新文豐出版公司 1983 年版，第 128、147 頁。

　　第八五窟建於八六二至八六七年之間，窟主為都僧統法榮，俗姓翟。窟內壁畫內容在 P.4640《翟家碑》中有記載，其中的「十地菩薩，妙覺功圓」一句當即指北壁的密嚴經變。十地菩薩指處於不同修行等級的菩薩，泛指各種菩薩。赴密嚴會的「十億佛土微塵數菩薩摩訶薩」，「皆超三界心意識境，智意生身，轉於所依，成就如幻首楞嚴法云三昧，處離諸有蓮花之宮，為無量佛手親灌頂」。故稱這些菩薩為「妙覺功圓」。

　　第八五窟的密嚴經變保存完好，與第一五〇窟密嚴經變相比較，內容較多：根據畫面及榜題，知至少包括了全經八品中的五品。正中為一佛説法，兩側各有一大菩薩、四十一身脅侍小菩薩、四神將簇擁聽法。其中的八大神將（兩側各四身）為第一五〇窟密嚴經變所無，《密嚴經》亦未提及諸神將。佛教中的八大神將主要有兩種説法：一是指天、龍、夜叉、乾闥婆、阿修羅、迦樓羅、緊那羅、摩睺羅迦；二是指東、南、西、北四方天王加上「密跡金剛分二軀，梵天、帝釋」。本經變中的八大神將均作天王形像，雙手合十聽法，與第六、一〇〇窟龕內有明確題記的阿修羅、乾闥婆、迦樓羅、緊那羅等八部神將不同，似應表示後者，但此説出現較晚，似乎不見佛經記載，存疑。[10]經變上方正中為一宮殿，即無垢月藏殿；兩側各有若干身菩薩為一組或一佛二菩薩為一組的赴會場面，還有一組樂舞場面。敦煌許多經變有樂舞圖，但大都位於佛説法會的正下方，表示佛國世界的昇平歡樂景象或娛佛作用。即「或作寶宮殿，如雲備眾彩。化現諸天女，遊處於其中，伎樂眾妙音，供養於諸佛」。

10　日本道忠《禪林象器箋》共二十卷，分二十九類一七二四門，第五類為「靈像」，其中提到「今輪藏八面排列八天像，所謂密跡金剛分二軀、梵天、帝釋、四天王也，異正統説。」《現代佛學大系》第六、七冊，《禪宗全書》第九十六、九十七冊收錄。

　　經變的下半部分共有二十個畫面，其中有十四個畫面存有榜題，經查核，它們分屬經中的第一品至第五品，而內容選取上似無一定規律，大約是隨意摘取的。有的畫面雖然榜題漫漶，但其內容可以確定，如：畫面左側（經變西側）四神將下方有一將領形像者和一侍從，是當為淨居諸天赴密嚴淨土。這是一個充滿神奇色彩的故事，具有濃厚的文學情趣，經中描寫道：

　　爾時淨居諸天與阿迦尼吒螺髻梵王同會一處，咸於此土。佛及菩薩生希有心，請梵王言：「天主，我等今者咸興是念：『何時當得陪侍天王詣密嚴土？』」爾時梵王聞是語已，與諸天眾遽即同行。中路遲回，罔知所適。梵王先悟，作是思惟：「密嚴佛國，觀行之境，若非其人，何階可至？非是欲色、無色諸天及外道神通所能往詣，我今云何而來至此？」復自念言：「或天中天假吾威力而能巫往。」作是念已，發聲歸命。即時見有無量諸佛在於道中，威光照耀。時螺髻梵王即白佛言：「世尊，我等今者當何所作而能速詣密嚴佛土？」佛告之言：「汝可退還。所以者何？密嚴佛國，觀行之境，得正定人之所住處，於諸佛剎最勝無比，非有色者所能往詣。」時螺髻梵王聞佛語已，與諸天眾尋還天宮。爾時淨居諸天共相議言：「螺髻梵王有大威力而不能往，當知此土最為殊勝……」是時復有無量諸天於虛空中作天伎樂，同心勸請。當爾之時，螺髻梵王承佛威力而來此會……

　　佛説法會上方的佛、菩薩即表示「無量諸佛在於道中，威光照耀」之赴會情景。與淨居諸天對應的畫面右側四神將下方為一戴通天冠的國王和一菩薩二侍女，榜題殘存「諸……今者……嚴土，爾時梵……其人何階可至？」出處見上文所引，這是表示螺髻梵王赴會。該畫面

前方的一個畫面是一菩薩二脅侍菩薩，榜題：「爾時如實見菩薩在大眾中……右膝著地，曲躬合掌白佛……如來哀□為說。佛告諸（經中作「之」）言：善哉善哉，恣汝所問，當為開演。」知是表示序品中如實見菩薩向佛問法，由此可確定經變中的說法會表示佛在密嚴淨土的說法，這與我們前文推定第一五○窟密嚴經變殘存部分表示密嚴淨土的觀點相一致。

　　說法會下方有一條界隔帶，界隔帶下分兩層繪有十六個畫面，其中有十三個畫面是說法圖形式：一佛二脅侍菩薩、一菩薩請問，六幅；一佛二脅侍菩薩、無問者，二幅；一佛、一菩薩請問，二幅；一佛二脅侍菩薩、一僧人請問，一幅一菩薩、另一菩薩與一俗人請問，一幅一菩薩、另一菩薩請問，一幅。這種缺乏生機的畫面在該窟和當時莫高窟其他經變中有大量的存在，如天請問經變、思益梵天所問經變中就有許多小說法圖，用這些說法圖附以榜題來表達抽象的哲理。

　　另外三個畫面值得一提：諸小畫面最右端有一人立於大海中的船上，給枯燥的經變帶來一分生活情趣。榜題是「……眾事業，亦如……佛於……，亦如海舟師，□舵而搖動……」查得原經文是：「觀世如乾城，所作眾事業。亦如夢中色，渴獸所求水。因於種種業，風繩而進退。佛於方便中，自在知見者。譬如工巧匠，善守於機發。亦如海船師，執舵而搖動。如來最微妙，寂靜而有邊。」其餘兩個畫面一是繪一禪僧修行，另一繪四菩薩面對一案合掌，出處均不明，但我們很驚奇地注意到宋代第四五四窟北壁佛頂尊勝陀羅尼經變中大榜題左側之四位俗人跪拜一案、一禪僧修行兩個畫面與此頗類似，它們的出處也不明。[11]需要進一步研究。

11　王惠民：《敦煌佛頂尊勝陀羅尼經變考釋》，《敦煌研究》1991 年第 1 期。

　　九四七年建成的第六一窟（文殊堂）規模宏大氣派，顯示了窟主、歸義軍節度使曹元忠的身分與地位。與第一五〇窟和第八五窟相同的是，該窟的密嚴經變也位於北壁西起第一鋪，但畫面較少，構圖顯得疏落有致。該窟修建時間晚於第八五窟八九十年，但我們可以明顯看出它們之間的承襲關係：上層為諸佛赴會，中層為說法會、菩薩問法、諸天赴會（後兩個畫面各有兩組，第 85 窟亦然），間隔帶（第 85 窟也有）下為小說法圖若干。

　　中層。構圖與第八五窟最為接近，正中為一佛說法，兩側各有一大菩薩、三十六身脅侍小菩薩圍繞聽法，沒有八大神將。佛的下方為樂舞圖，正中一人作舞蹈狀，兩側各有三名樂伎為其伴奏，這與第八五窟把樂舞圖畫在佛的上方不同，應是接受其他經變中將樂舞圖繪於佛下方的構圖形式。說法會下方的水池中繪有許多蓮花，水中臺榭上繪菩薩問法與諸天赴會，但它們的榜題不出於《密嚴經》：正中供器之左（西）側水榭上繪一菩薩二脅侍菩薩，榜題為「妙光菩薩、□相菩薩□□□□如來識、如來藏」。右端水榭上繪一天王二侍女（完全同於第 85 窟同一位置的畫面），榜題為「釋提桓因並其眷屬與勒叉天王共來會座，聽微妙音」。右端水榭上則繪一佛一天王二侍女（第 85 窟同一位置是一菩薩二天王二侍女），榜題為「帝釋天王與彩女、梵王詣就會座，聽其蜜（「密」字之異寫）嚴佛諸妙法」。雖然這四個畫面與第八五窟同一位置的畫面基本一致，但榜題卻不出於《密嚴經》，而它們的意思卻又與該經有某些連繫，疑與講經有關，俟後探討。

　　上層。佛說法所在的宮殿巍峨聳立，直達經變上層頂端。在宮殿的兩側有許多樓臺亭閣建築。正中大殿兩側有一佛乘祥雲上升的畫面各兩組，六佛乘祥雲而下的畫面各一組。這應是表示前文提及的「無量諸佛在於道中，威光照耀」之赴會景象。需要說明的是，類似的赴

會場景在其他一些經變中也有，就像水池蓮花、樓臺亭閣在其他一些經變中有同樣描繪一樣，並非密嚴經變所特有。很顯然，密嚴經變在創作中借鑑了其他經變的一些內容。

下層。與第八五窟密嚴經變相同，一條界隔帶將上述表示密嚴淨土的畫面與下層主要表達經中哲理的八個畫面分開。這八個畫面有七個是說法圖，其中，一佛二脅侍菩薩、一菩薩提問形式的有四幅；一佛二脅侍菩薩、無提問者形式的有二幅；一佛、一菩薩提問形式的有一幅。另外一個畫面位於經變左端下角，繪五身菩薩，這與第八五窟密嚴經變中四身菩薩面對一案合掌之畫面頗為類似，榜題為「於忉利界喜相菩薩眾共來□」，但《密嚴經》中並無忉利界喜相菩薩眾赴會的內容。

第六一窟的密嚴經變共有十二條榜題，只有四條榜題出於《密嚴經》，三條見於第一品，一條見於第二品，其餘八條並不出於《密嚴經》，筆者一直沒有查得它們的出處。從已查明出處的四條榜題均有增減改動甚至明顯抄錯原經等情況分析，該經變當出於佛學素質不高和文化水平較低的畫工、書寫手之手。請比較畫面上的榜題與原經文：

畫面榜題	原經文
爾時實見菩薩在大眾中即從座起，曲躬合掌白佛言：世尊，我於今者欲有一問，唯願如來悉當願力，哀許為說法時。	爾時如實見菩薩在大眾中即從座起，曲躬合掌白佛言：世尊，我於今者欲有所問，唯願如來哀許為說。

即將原經文中的「如實見菩薩」寫成「實見菩薩」，「所問」寫成「一問」，衍「悉當願力」「法時」。本窟其他一些經變中也有類似現象，只有將當時繪製的所有經變作綜合研究後，才可能對這些現象作出合理而明確的解釋，本文擬不展開討論。

　　第五五窟是曹元忠繼第六一窟之後修建的另一大型洞窟，時間在九六二年前後，即距第六一窟開鑿時間約十年。該窟共繪十六鋪不同的經變，其中南、北、東壁所繪的十鋪經變均有條幅畫，頗為整齊，總體設計上頗具匠心，給人以一種耳目一新的感覺。密嚴經變位於東壁門北，小畫面多達三十餘幅（而第 61 窟僅 12 幅），其中的十二幅用經變兩側條幅畫各六幅的方式來表示，這是不同於其他三鋪密嚴經變構圖形式的。

　　經變正中為一佛說法，兩側各繪一大菩薩十七身脅侍菩薩二弟子四神將。按，其他三鋪密嚴經變中沒有弟子形像。就敦煌壁畫而言，一般描繪淨土世界的經變都沒有弟子，而釋迦牟尼說法會則大都有弟子。密嚴經變描寫密嚴淨土世界「非是欲色、無色諸天及外道神通所能往詣」之處，應是無弟子的，所以第一五○、八五、六一窟的密嚴經變無弟子形像。最上層為諸佛赴會，有一佛二脅侍菩薩形式共三組，三佛赴會形式一組，均為乘祥雲飛昇之狀，動感強烈。上層有樂舞圖二組，均為前為樂舞、後為觀眾若干，天宮中諸樂器不鼓自鳴，體現著淨土世界的昇平景象。

　　佛的下方正中水臺之上置一供器，四周共繪七隻人首鳥身的伽陵頻迦鳥，起裝飾作用。與第八五、六一窟密嚴經變基本相同的是，供器兩側各有二座水樹，繪菩薩與諸天赴會：兩側近供器的水臺上繪一菩薩二脅侍菩薩合拿聽法的畫面各一幅，左側一幅的榜題漫漶，右側的榜題為「爾時金剛藏菩薩摩訶薩告諸大眾：汝豈不聞螺髻梵王、淨居天眾及諸佛子」（第二品「妙身生品」），並未抄完整句。左端水臺上有一天王二侍女合掌聽法，榜題與畫面不符：「爾時寶髻菩薩摩訶薩在大眾中坐殊妙座，向金剛藏菩薩摩訶薩而作是言」（第四品「顯示自作品」）。右端水臺上有一菩薩二天王三侍從，榜題漫漶。同第八五、六

一窟密嚴經變一樣，一條界隔帶將上述畫面與下方十五個畫面分隔開來，主要是説法圖：一佛二脅侍菩薩、一菩薩提問形式有九幅，一菩薩問一菩薩形式有二幅，一菩薩問一佛、一菩薩問一菩薩、一佛二脅侍菩薩禮拜一案各一幅。另外有一幅是海水中有一隻小船，上有一人，此畫面八五窟密嚴經變中也有。

條幅畫左右各六幅，共十二幅，均為一佛二脅侍菩薩、前有一案，一菩薩雙手合十、面佛而跪，作請問狀。這些説明圖均以山水作為背景，給人一種佛在山野之中為菩薩説法之感，頗有一絲清新的意境。

中晚唐起，許多經變的主尊下方有一方很大的榜題，一般均表示序分即一部佛經起首部分的內容，第一五八、一五〇、八五、六一窟的密嚴經變均然。但第五五窟密嚴經變的主榜題卻是卷中第二品「妙身生品」的內容，十分罕見。該密嚴經變原有榜題三十二條，現存十九條，除一條出於第四品「顯示自作品」、二條出處待查外，其餘十六條均出於卷中第二品「妙身生品」中，並且都集中在這一品的後半部分（前半部分為「妙身生品第二之一」，在卷上之末尾；後半部分為「妙身生品第二之餘」，在卷中之首）。《密嚴經》共分三卷八品，本鋪經變卻相當集中地取材於第二品中的一部分。並且我們還注意到一些榜題的內容重複，甚至把一句完整的句子「摩尼寶殿無量諸天」只抄到「摩尼寶」三字而戛然而止。一些榜題漏抄許多經文，顯得支離破碎……這些錯誤出現在當時敦煌地區最高統治者曹元忠的功德窟中，是令人深思的。該窟其他經變中也有類似的情況。在這巨大的洞窟中，錯誤百出的榜題、雷同重複的構圖、清淡冷峻的色彩，給人以一種慘澹經營、徒有虛表的感覺，預示著或者説體現了敦煌藝術、敦煌佛教的式微。

（原標題《敦煌密嚴經變考釋》，刊於《敦煌研究》1993 年第 2 期。原文附有全部榜題，此全略）

思益經變

　　《思益經》是一部比較重要的佛典，共有三個漢譯本：（1）《持心梵天所問經》，四卷十八品，（西晉）竺法護譯於太康七年（286）；（2）《思益梵天所問經》，四卷十八品（《頻伽藏》等）或四卷二十四品（《磧砂藏》等），（姚秦）鳩摩羅什譯於弘始四年（402）；（3）《勝思惟梵天所問經》六卷，不分品，（北魏）菩提流支譯於神龜元年（518）。三譯本均為同本異譯，存於各大藏經中。其中鳩摩羅什譯本是通行本（下引用《思益經》而未注明者，均指此譯本），僧睿曾為此譯本作序，今存於僧祐《出三藏記集》卷八中。另外，菩提流支還譯有傳說是天親菩薩造的《勝思惟梵天所問經論》四卷。

　　與其他一些佛經相比，此經注疏較少，存世的只有（明）圓澄的《思益梵天所問經簡注》四卷。值得注意的是，（隋）法經《眾經目錄》卷七記有道安《持心梵天經略解》一卷日僧永超《東域傳燈目錄》中也提及此疏。高麗僧義天《新編諸宗教藏總錄》中又云賢明著有《注思益經》十卷。道安、賢明的這兩部注疏在其他佛典目錄及文獻中未見著錄、論及，頗可疑，俟考。

敦煌壁畫中有十五鋪思益經變，敦煌遺書中保存著八九十件《思益經》寫本和一件思益經變榜題底稿等。豐富的敦煌資料也顯示了《思益經》在中國佛教史上的重要地位，啟發我們對該經的內容及其在敦煌地區流傳情況的探討。

一　敦煌遺書中的《思益經》寫本

據筆者初步統計，敦煌遺書中有鳩摩羅什譯的《思益經》寫本九十多件：

英藏：S.120、421、1256、1270、1458、2243、2251、2885、2963、3133、4020、4587、5101、5180、5282、6071、6402、6582、6590、6626、6734、6737、6783、7319；

法藏：P.2107、2126、2779；

俄藏：Дх.725–728、2319；

國家圖書館藏：北圖（縮微膠片目錄，黃永武《敦煌遺書最新目錄》）398–430、8514–8516 號，北圖續編（北京圖書館 1981 年《敦煌劫餘錄續編》）288–290、388、1201、1280（有 774 年題記）、1475 號；[1]

故宮藏：新 153371、新 155688 號；

天津藝術博物館藏：153–155、176 號（此系發表目錄上的編號，圖錄編號 68、71、237、242 號，下同）；

天津圖書館藏：71 號；

天津市文物公司藏：20 號；

上海圖書館藏：第 99 號（812579 號）；

1　為統計方便，未列出最新的 BD 對照號，但後面論述時，用 BD 對照號。

甘肅博物館藏：50、105、106 號；

敦煌研究院藏：47、123、140、280 號；

中研院藏：22 號。

　　部分《思益經》寫本可以綴合，如 S.1270＋S.1256，北圖 407＋399、406＋404＋409＋412、403＋410、411＋418、414＋421 等。

　　由此也可看出，北圖的敦煌遺書在入藏前確曾被人為撕裂過。上海圖書館第九九號共十紙二六六行，末尾題有「《思益經》卷第四」和朱書「比丘惠詮校勘定」，而《敦煌遺書總目索引》「散錄」第 601–644 號為《李木齋舊藏敦煌名跡目錄》，第 624 號是一件《思益經》，注記：「唐寫本《思益經》卷第四，共二百二十四行，長卷，末題（硃筆）『比丘惠詮勘校定（按：上海圖書館發表號作「校勘定」）』」，即上海圖書館第 99 號。[2] 又，S.4817 為《諸經釋詞》（筆者擬），存《思益經》卷三、卷四和《説無垢稱經》卷一至卷三部分詞句的解釋，共二十九行，其中《思益經釋詞》七行（前缺）。

　　一個有趣的現像是，敦煌遺書中的《思益經》寫本大都不分品，筆者僅查得 S.4020 是分品的。該寫本為隋代寫經（詳下文），始自「（前缺）之吼亦復如是」（授不退轉天子記品），尾全。寫本中有「建立法品第十六」「諸天嘆品第十七」「囑累品第十八」諸字，分品情況與《頻伽藏》本同。

　　我們還發現，《思益經》寫本的分卷與通行本不同。如 S.2963、BD00229（宇 29 號，北 413 號）結尾為「問談品」中的「爾時思益梵天白佛言……世尊，薩婆若有如是無量功德，其誰善男子、善女子不發阿耨多羅三藐三菩提心？」「《思益經》卷第二」（BD00229 為「《思

2　吳織、胡群耘：《上海圖書館藏敦煌遺書目錄》（1），《敦煌研究》1986 年第 2 期。

益梵天經》卷第二」），此將「問談品」的內容分別歸於第二、第三卷中。又，S.6582 為第四卷（卷全），首為「《思益梵天所問經》卷第四」「爾時思益梵天謂文殊師利菩薩：『云何行名菩薩行？』」則此將「行道品」內容分別歸於卷三、卷四中，S.6626、BD00078（地 78 號，北 408 號）、BD06446（河 46 號、北 423 號）等寫本的卷三、卷四也是這一分法。S.120 中的第三卷結尾為「行道品」中的「如虛空無變異相，一切諸法亦無變異相。」「《思益經》卷第三」，這又是另一種將「行道品」內容分別歸於第三、第四卷的分卷形式。上述這種同品異卷情況不符合佛典分卷規律。S.1458、S.5282、S.6734、P.2126 等寫本均將「志大乘品」歸於卷三、「行道品」歸於卷四，這與現行本將「行道品」歸於卷三的情況不同。

敦煌遺書中的大部分《思益經》寫本沒有題記，唯 S.4020《思益經》尾題比較重要。尾題共五行五十六字，可分兩段，為「大隋開皇八年歲次戊申（588）四月八日秦王妃崔為法界眾生敬造《雜阿含》等五百卷，流通供養。」「員外散騎常侍吳國華監，襄州政定沙門慧曠校。」可知這是從中原流傳到敦煌的一部隋代寫經。秦王即楊俊，其妃乃大將崔弘度（曾任襄州總管）之妹，事跡見《隋書》卷四五、卷七四等。慧曠是隋代高僧，襄州人，《續高僧傳》卷一〇「慧曠傳」形容他「律行嚴精，義門綜博，道俗具瞻，綱維是奇。」該題記為我們了解隋史和古代佛經（不僅僅是《思益經》）抄寫、流傳情況提供了參考資料。

又，S.6734《思益經》寫本的背面有「雍熙三年丙戌十一月廿三日施主弟子尹松志因為結壇齋函經《妙法蓮華經》破碎，各記頭者」雜寫，似此寫本是用作包裹破碎的《法華經》者。雍熙三年即九八六年，此後不久，藏經洞封閉，這條雜寫當可支持敦煌遺書是遺棄物的說

法，對研究藏經洞的封閉有一定的啟發。

據筆者目前所知，敦煌遺書中的竺法護譯本有兩件，即 P.3554（論寂品第八）和 BD05536（珍 36 號、北 8517 號）（解諸法品第四），菩提流支譯的經及經論似均無，可見古代敦煌與中原一樣，都流行鳩摩羅什譯本。但 P3807《吐蕃統治時期敦煌龍興寺藏經目錄》中，三個譯本均有。另一份《吐蕃統治時期敦煌龍興寺藏經目錄》（S.2079）中還著錄有《勝思惟梵天所問經論》，顯示了敦煌寺院所入藏的《思益經》各種譯本是相當完整的。

敦煌遺書中還有一件《思益經節抄》。S.6459 的前半部分是《楞伽經節抄》一卷，據唐代實叉難陀譯本壓縮；後半部分即《思益經節抄》，內容出自鳩摩羅什譯本。《思益經節抄》首尾完整，共三六二行，約七千字，相當於原經的六分之一。尾題「思益經妙（抄）卷四。丙戌年三月二日拓跋守節寫。」此拓跋守節之名也殊堪注意。拓跋之姓流行於鮮卑族和党項族，鮮卑族的拓跋之姓在北魏孝文帝改革時，易為元氏。因《楞伽經節抄》係據唐譯本，則此拓跋守節當為党項族人。拓跋亦為党項族一大姓，《新五代史》卷七四載「其大姓有細封氏、費聽氏、野利氏、拓跋氏，為最強。」「（後）唐長興四年，涼州留後孫超遣大將拓跋承謙及僧、道士、耆老楊通信等至京師求旌節。」S.6459 中的拓跋守節亦當為党項族人。池田溫《中國古代寫本識語集錄》擬定為蕃占敦煌期間的丙戌年（806）。S.4448 為《大乘密嚴經》卷中，尾題「守節寫」，疑即拓跋守節，池田溫《中國古代寫本識語集錄》記載：「年次未詳，大約九世紀」。

中國佛教史上存在將少數卷帙浩繁的大經壓縮以適實用的現象，尤風行於南朝後梁，出現了寶唱《經律異相》八十卷、簡文帝等《法寶集》（《法寶聯璧》）二百卷、虞孝敬《內典博要》三十卷、賢明《真

言要集》十卷、僧旻《眾經要抄》八十八卷等。其他王朝也有抄集諸
經要旨的情況，如（西魏）曇顯《眾經要集》二十卷、（唐）義忠《法
華經抄》二十卷等，但不及梁朝流行。佛典為「聖言」，斷章取義為許
多佛教徒抨擊，這是許多佛經沒有抄集本和抄集本不流行的原因。

《思益經節抄》的出現顯示了該經在當時受到佛教界特別是禪宗重
視的跡象，我們將在下面討論這個問題。

二　《思益經》的基本內容及與禪宗的關係

《思益經》「序品」中提到：「如是我聞：一時佛住王舍城迦蘭陀竹
林……大眾恭敬圍繞，而為說法……爾時世尊受網明菩薩請已，即放
光明，照此三千大千世界，普及十方無量佛土。於是諸方無量百千萬
億菩薩見斯光已，皆來至此娑婆世界。爾時東方過七十二恆河沙佛土
有國，名清潔，佛號日月光如來應供正遍知，今現在。其佛土有菩薩
梵天，名思益，住不退轉。見此光已，到日月光佛所，頭面作禮，白
佛言：『世尊，我欲詣娑婆世界釋迦牟尼佛所，奉覲供養，親近諮詢
受……』於是思益梵天與萬二千菩薩俱於彼佛土忽然不現，譬如壯士
屈伸臂頃，到娑婆世界釋迦牟尼佛所。」思益梵天在迦蘭陀竹林與迦
葉、舍利弗、帝釋天、網明菩薩、文殊師利菩薩等向佛提出種種疑
問，佛一一予以解答，是為《思益經》的由來。經中的最後一品「囑
累品」還提到該經的不同名稱：「此經名為《攝一切法》，亦名《莊嚴
諸佛法》，又名《思益梵天所問》，又名《文殊師利論議》。」

許多大乘佛經都在經中誇吹本經的重要，《思益經》也不例外，該
經十八品中的「稱嘆品」「詠德品」「建立法品」「諸天嘆品」「囑累品」
五品幾乎全是宣揚誦持該經獲諸功德的內容，如「稱嘆品」記載：「若

人書寫是經，讀誦解說時，無量諸天為聽法故，來至其所。」「囑累品」記載：「是經所流布處，若說法者，聽法者，並其國土，不起魔事。」具體而言，「若人受持是經，讀誦解說」，可得十一種功德：「隨是經所有文字、章句之數，盡壽以一切樂具供養爾所諸佛及僧；若人乃至供養是經，恭敬、尊重、讚歎，其福為勝。是人現世得十一功德之藏。何等為十一？見佛藏得天眼故；聽法藏，得天耳故；見僧藏，得不退轉菩薩僧故；無盡財藏，得寶手故；色身藏，具三十二相故；眷屬藏，得不可壞眷屬故；所未聞法藏，得陀羅尼故；憶念藏，得樂說辯故；無所畏藏，破壞一切外道論故；福德藏，利益眾生故；智慧藏，得一切佛法故。」不僅讀誦解說可得種種功德，而且聽受此經也有不可思議的福德，「詠德品」記載：「若三千大千世界滿中珍寶以為一分，聞是經者所得功德以為一分，福勝於彼。」「欲得身色端正、欲得財富、欲得眷屬……欲得三明六通、欲得一切善法、欲得阿耨多羅三藐三菩提……當聽是經。」這

些簡易的傳教帶有淨土信仰的特徵，《金剛經》等經也有類似內容（參《金剛經》依法出生分、持經功德分、福智無比分等）。

就經文內容而言，也不艱深複雜。如「四法品」中，思益梵天向佛提出二十個問題，佛則用四句話來答一問，極為規整，試舉思益梵天一問：「何為菩薩增長善根？」佛答：「梵天，菩薩有四法，增長善根。何等為四？一者持戒，二者多聞，三者布施，四者出家。」「分別品」中提到：「涅槃名為除滅諸相，遠離一切動念戲論。」而「解諸法品」又記載：「諸法實相即是涅槃。持戒是涅槃，不作不起故；忍辱是涅槃，唸唸滅故；精進是涅槃，無所取故；禪定是涅槃，不貪味故；智慧是涅槃，不得相故。」「聖行品」中，思益梵天問文殊：「何等是諸法實相義？」答言：「一切法平等，無有差別，是諸法實相義。」「行

道品」中再次闡述道：「一切法平等即是菩提。」

　　雖然《思益經》內容淺顯，由於它論述了許多佛教基本思想，所以在中國佛教史上還是比較受重視的。五世紀起，誦講《思益經》之風就頗為流行。《高僧傳》卷一二「釋慧慶傳」記載活動在五世紀上半葉的釋慧慶常「誦《法華》《十地》《思益》《維摩》」。《續高僧傳》卷七「釋慧勇傳」記載釋慧勇（514-587）一生「講《華嚴》《涅槃》《方等》《大集》《大品》各二十遍，《智論》《中》《百》《十二門論》各三十五遍，餘有《法華》《思益》等數部」。《續高僧傳》卷九「釋智脫傳」記載釋智脫（540-607）一生也「凡講《大品》《涅槃》《淨名》《思益》各三十許遍」。陸增祥《八瓊室金石補正》卷六九收有道光二十七年（1847）出土的《會善寺大律德惠海塔銘》，也記載惠海（748-812）精研律宗外，還「精通《楞伽》《思益》，搜跡元微，名貫三秦」。

　　《思益經》對禪宗的形成與發展有較大作用。宗密（780-841）《圓覺經大疏鈔》卷三云北宗神秀系的五方便思想中，《思益經》為第四「明諸法正性」之經典。[3]按：此句出於該經的「分別品」。神秀傳法普寂（大照禪師）時，也授以《思益》及《楞伽》，「約令看《思益》，次《愣伽》。因而告曰：『此兩部經，禪學所宗要。』」[4]這裡把《思益經》列在《楞伽經》之上，也說明此經比較重要。《舊唐書》卷一九一「神秀傳」中提到：「至弟子普寂始於都城傳教，二十餘年，人皆仰之。」《宋高僧傳》卷一二「鑑宗傳」記載南宗徑山二祖鑑宗（無上，卒於866 年）出家後，「涉通《淨名》《思益》經，遂常講習」。「隨眾參請，頓徹心源。」

3　《續藏經》第 14 冊，新文豐出版公司 1983 年版，第 555 頁。

4　李邕：《大照禪師碑》，《全唐文》卷二六二，中華書局 1985 年版，第 2658 頁。

從敦煌遺書中的禪宗資料看，吐蕃統治敦煌時期禪宗人物摩訶衍寫的《頓悟大乘正理決》中，泛引二十多種佛經，其中提到《思益經》十一次、僅次於《楞伽經》（26 次）。[5] 還有，日本大谷文書中有一件出於敦煌的《諸經要抄》，其中引用各種佛經二十三種，內提到《思益經》四次、《金剛經》四次、《楞伽經》七次、《諸法無常經》一次等。[6] 日本學者岡部和雄、田中良昭等對這份《諸經要抄》進行過研究，認為屬於禪宗體系。[7] 而柳田聖山則進一步從其中有識心見性、大乘頓教法門、無上大乘等注文中，推測與屬於保唐宗一系的《歷代法寶記》關係甚近。[8] 另外，BD04787（號 87 號、北 8424 號）、BD08007（芥 7 號、北 8425 號）是另一種諸經抄錄，其中摘錄了《思益經》內容。前文提及，敦煌遺書 S.6459《思益經節抄》與《楞伽經節抄》合抄在一起。我們知道，禪宗極重《楞伽經》，兩經合抄一處當非偶然，應與禪宗有關。敦煌遺書中的八九十件該經寫本及經抄似乎也顯示了禪宗對《思益經》的重視。

從具體經文內容上看，禪宗接受了該經許多思想。如「（佛云）我所得法，不可見不可聞，不可覺不可識，不可取不可著，不可說不可難。出過一切法相，無語無說無有文字，無言說道」。（解諸法品）「隨所有見，皆為虛妄；無所見者，乃名見佛。」（談論品）「諸法平等，

5　上山大峻：《敦煌佛教研究》，法藏館 1990 年版，第 296 頁。

6　《大正藏》第 85 冊收錄，原件照片見野上靜俊《大谷大學所藏敦煌古寫經》（續）第 24 圖，大谷大學東洋研究室出版社 1972 年版，第 58 頁。

7　岡部和雄：《禪僧的注抄與疑偽經典》，《講座敦煌》（8）第 5 章「敦煌佛典與禪」，大東出版社 1980 年版，第 342 頁。田中良昭：《敦煌禪宗文獻研究》，大東出版社 1983 年版，第 504–505 頁。

8　柳田聖山：《初期的禪史》（2），原書未見，轉引自姜伯勤《論禪宗在敦煌僧俗中的流傳》，（香港）《九州學刊》1992 年春季號。

無有往來，無出生死，無入涅槃。」（分別品）「隨法行者，不行一切法。」（等行品）「若菩薩不喜、不樂、不貪、不著，不得菩提，則於諸佛必得受阿耨多羅三藐三菩提記。」（建立法品）「於一切法無相無示，名為修道。」「一切法無我、無眾生。」（授不退轉天子記品）這些無所見即是見諦，「不行一切法」即是「隨法行」等觀點與禪宗思想何其相似！這當是該經為禪宗所重的原因。

《思益經》的內容還與禪宗所重的《金剛經》《楞伽經》等經有許多相似之處，將它們作一番比較，有助於對禪宗思想的全面了解。前文提及，在受持該經的功德上，《思益經》中的稱嘆品、詠德品、建立法品、諸天嘆品、囑累品等品與《金剛經》的依法出生分、持經功德分、福智無比分等內容相同。在基本思想上，兩經也有許多相同的地方，如《金剛經》云：「若菩薩有我相、人相、眾生相、壽者相，即非菩薩。」（大乘正宗分）「如來所說身相即非身相……凡所有相皆是虛妄。若見諸相非相，即見如來。」（如理實見分）「所謂佛法者即非佛法。」（依法出生分）「所言一切法者即非一切法，是故名一切法。」（究竟無我分）「是法平等，無有高下。」（淨心行善分）等等。

三　敦煌壁畫中的思益梵天所問經變

儘管《思益經》在佛教中比較重要，但該經經變卻不見於佛教文獻和畫史資料。唯敦煌壁畫中保存有十五鋪，其中榆林窟（榆）有四鋪，即：

晚唐：八五、一四一、一五〇、一五六窟；

五代：六一、九八、一〇〇、一〇八、一四六窟，榆一六、一九、三四、三八窟；

宋代：五五、四五四窟。

其中八五、一五〇、一五六、六一、九八、一〇八、一四六、五五、四五四窟及榆第二十窟的思益經變存有部分榜題，為我們確定經變的具體內容提供了可靠的依據，十分珍貴。於是我們知道這些榜題文字均來自鳩摩羅什譯本，這與敦煌遺書《思益經》寫本均為鳩摩羅什譯本相一致。此經十八品中，入畫的只有前四品。

按：以前曾誤將四、五、四十四窟的天請問經變認為是思益經變，又將第一〇八窟的思益經變誤認為是天請問經變。又，第一五八窟東壁門南所畫經變，最初定為天請問經變，後來改定為思益經變，但因為有梵王請問、天神請問等密嚴經變的標誌性畫面，最後確定是密嚴經變。

敦煌思益經變與天請問經變有許多相似之處，將兩者加以比較，就有一些有趣的發現：

1.共同性。《天請問經》云有一位天神來給孤獨園，佛應請問而予答覆，此天神聽畢返回天上。全經僅六百字，而敦煌壁畫上有三十八鋪該經經變。《思益經》云清潔國有一名叫思益的梵天來王舍城迦蘭陀竹林，與網明菩薩等一起向佛請問佛法。敦煌壁畫上，兩種經變均把天神、梵天繪為頭戴通天冠的王者形像，他們向佛請問的畫面完全一樣，如不參考榜題，兩種經變很難區別。從構圖上說，思益經變有以下幾種構圖形式：（1）正中為主體說法會，兩側為條幅畫（第五五窟）。（2）正中為主體說法會，下方散布著小型說法圖加榜題的畫面，這是大部分思益經變的構圖形式。這樣的構圖形式在天請問經變中廣泛使用。

2.差異性。除了依據榜題外，還有一組畫面可幫助我們分辨兩種經變：凡是天請問經變就有一王者形像的天神從天乘祥雲而下之畫面，

有的還有乘雲返回天上的畫面；而思益經變則無這一畫面。用存有榜題的兩種經變來驗證，大致無誤。據此，筆者將原定為思益經變的第四四窟東壁門南所繪經變定為天請問經變（有天神乘祥雲飛下畫面），而原定為天請問經變或思益經變的第一五八窟東壁門南一鋪經變定為密嚴經變（無天神乘祥雲飛下畫面，另外該窟還有密嚴經變標誌性圖像梵王請問、天神請問）。

《思益經》是一部哲理性很強的佛典，經中無任何生動的故事，因而在經變中只能用眾多小說法圖加榜題形式來表達（圖解）經文內容。比起法華經變、維摩詰經變、彌勒經變、賢愚經變等情節生動有趣的經變，思益經變可謂單調枯燥，很難想像這樣的經變在當時能吸引信徒們長久駐足觀覽，所以敦煌壁面上思益經變遠不及上述其他幾種經變多。

那麼，為什麼又有繪製呢？筆者認為這個問題應結合其他經變一起考慮。筆者注意到，第八五、五五、四五四等窟窟頂的經變中有大量的榜題，但字體很小，不藉助梯架就無法閱讀，這就啟發我們去考慮這些經變的功能。石窟中的經變畫應是一種功德畫、而非宣傳（講經）畫，也許在寺院裡的經變畫可以用來講經，上面的文字用來閱讀，但在石窟中這些榜題並無閱讀之功能，只是一種象徵性題寫而已。雖然某些畫在較低位置的經變（如賢愚經變、牢度叉鬥聖變沖的榜題有「……時」之類的解說語，顯示有可能這些經變帶有宣傳畫的性質，但總的來說，大部分敦煌畫是作為功德來繪製的，這應是沒有疑問的。

至於題材的選擇上，又與當時佛教信仰和政治形勢有關。如天請問經變的流行與唯識宗有關，報恩經變、觀無量壽經變則有調和儒家忠孝觀點與佛教思想之色彩，牢度叉鬥聖變流行於張議潮從吐蕃手中

收復敦煌之後，有邪不壓正之寓意。而思益經變、楞伽經變、金剛經變等經變的出現與流行，應與禪宗在敦煌的流行分不開的。BD01280《思益經》卷三尾題：「大曆九年（774）歲次甲寅九月五日，沙門法淨寫記。」或與禪宗此時在敦煌頗為流行有關，但禪宗的其他幾部經典在盛唐、蕃占期間就有繪製，思益經變卻到晚唐才姍姍遲來。

四　敦煌遺書中的思益經變榜題底稿

　　敦煌遺書 BD02379（余 79 號，北 5408 號）正面存《妙法蓮華經》一百六十五行，背面依次為思益經變、天請問經變和梵網經變的榜題底稿，共四十七行，尚未見有專文考論。

　　這份思益經變榜題底稿共十三行，從原寫本行次上看，可分為八組，茲校錄於下：

　　1. 思益梵天經變。如是我聞：一時佛住王舍城迦蘭陀竹林，與大比丘僧六萬四千人俱。菩薩摩訶薩七萬三千人（校：應為「二千人」）皆眾所知識，得陀羅尼無礙辯才（校：最後一句應為「得陀羅尼無礙辯才諸三昧」）。

　　2. 思益梵天言：佛說汝於正問菩薩中為最第一，何為菩（校：應為「菩薩」）所問。

　　校：原經文是：「爾時網明菩薩問思益梵天言：佛說汝於正問菩薩中為最第一，何謂菩薩所問為正問耶？」此前後均未抄全，斷句不當，甚至把網明菩薩問誤作思益梵天問。

　　3. 梵天王（校：「王」字衍）言：諸法末（校：應為「離」）自性、離欲際，是名正性。網名（校：應為「網明」）言：少有能解正性（校：

應為「少有能解如是正性」）。

4. 思益梵天言：何為一切法正、一切法邪？

校：原經文是：「網明言：梵天，何為一切法正、一切法邪？」榜題摘錄不當，將網明菩薩問誤作思益梵天問。

5. 網明言：若有善男子、善女人能於如是如知正法。

校：原經文是：「梵天言：是正性不一不多，網明，若有善男子、善女人能如是知諸法正性。」也是將梵天的語言誤解成網明之語。

6. 梵天言：於諸法性無心性（校：應為「無心故」），一切法名為正。

7. 諸比丘尼、梵王供（校：應為「共」）來就座。

校：原經無此內容。

8. 思益梵天言（校：應為「梵天言：網明」）若菩薩以彼我問，名為邪問；分別法問，名為邪問。

第七條榜題的內容並不出於《思益經》，但從它的意義上可以看出它相當於序品的內容。從壁畫中的思益經變構圖看，相當於主榜題一側的比丘赴會場面。其餘的榜題經查對，第一條出於序品，第 2-4、8 條出於分別品。如果按經文前後次序重新排列的話，應為：1—（7）—2—8—4—6—3—5。這種凌亂的次序說明它們是依壁面位置、而非據經文前後次序排列的，應是榜題書寫手的實用稿本。

於是我們很想知道，BD02379 背所寫的經變榜題底稿適用於哪個洞窟呢？

在一個洞窟裡同時繪有思益經變、天請問經變和梵網經變的，現存全部敦煌石窟中只有莫高窟第四五四窟（思益經變位於北壁西起第二鋪）。以下所進行的考查表明，BD02379 背面的經變榜題底稿正是適

用於第四五四窟的。

　　首先讓我們看一下第四五四窟的思益經變榜題：

　　榜題（3）—（11）、（17）、（18）、（20）均為一天二侍從面對一佛二菩薩之說法圖。在經變的上層正中為榜題（2），兩側有諸佛乘祥雲上下的畫面各四組，其中有榜題各一條（12）、（15）。榜題（14）為六優婆夷，（19）為五優婆塞，（13）、（16）為五比丘。

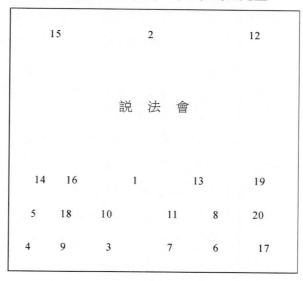

　　〔1〕思益梵天經變。如是我聞，一時佛住王舍城迦蘭陀竹林，與大比丘僧六萬四千人俱，菩薩摩訶薩七萬三千人皆眾所知識，得陀羅尼無礙辯才（校：下應有「及諸三昧」四字才完整）（序品）。

　　〔2〕思益梵天言：佛說汝等於正問菩薩中最為第一，何等菩薩所問。

　　校：原經文是：「爾時網明菩薩問思益梵天言：『佛說汝於正問菩薩中為最第一，何謂菩薩所問為正問耶？』」（分別品第三）

〔３〕思益梵天言：若菩薩以彼我問……（分別品）。

〔４〕若無我彼（校：應為「彼我」）問，名為正問。不分別（校：以下漫漶，或許有兩字，或無字。原經文是「不分別法問，名為正問。」（分別品）

〔５〕若不以生故問，不以滅故問，不以住故問，名為正問。（分別品）

〔６〕思益梵天言：「何為一切法正，一切法邪？」（分別品）

〔７〕梵天言：「於諸法生無心性，一切法名為正。」（分別品）

〔８〕梵天言：「諸法離自性、離欲際，是名正性。」網名（校：應為「網明」，下同）言：「少有能解正性（校：應為「少有能解如是正性。」）」（分別品）

〔９〕網名菩薩白佛言：「世尊，於法生見。」

〔１０〕世尊，若有於法生見正性，其人佛……

〔１１〕爾時網名菩薩白佛言：「世尊，於法生見，汝當為作方口」

〔１２〕梵天言：「是五百菩薩從世尊於法生見時。」

〔１３〕梵天言：「是五百比丘從坐起者，汝為方便。」

〔１４〕梵天言：「五百比丘……」

校：以上六條榜題錯漏甚多，原經文是：「爾時網明菩薩白佛言：『世尊，若有於法生見，則於其人佛不出世……』網明謂梵天言：『是五百比丘從坐起者，汝當為作方便，引導其心，入此法門，令得信解，離諸邪見。』」（分別品）

〔１５〕佛告思益梵天：「如來出過世間，亦說世間先去過時也。」

校：原經文是：「佛復告思益梵天：『如來出過世間，亦說世間苦、世間集、世間滅、世間滅道。』」（解諸法品第四）

〔16〕梵天，所言五蘊者，但有言說，於中取相分別生見而說，是名世間苦。（解諸法品）

〔17〕梵天白佛說言世所說四聖諦時。

校：原經文是：「爾時思益梵天白佛：世尊所說四聖諦，何等是真聖諦？」（解諸法品）

〔18〕梵天言：「無有得者。」梵天，如來□□□

校：原經文是：「梵天言：『無有得者。』梵天，如來坐道場時（下略）』（解諸法品）

〔19〕諸優婆塞、優婆夷俱來會時。

校：此榜題東側有五俗男子、西側有五比丘。此榜題內容原經文中無，據內容可知描述赴會者，相當於序品。

我們注意到寫本中的榜題底稿大部分可與壁面中的榜題：

寫本：（1）（2）（3）（4）（5）　　（6）（7）（8）

　　　　↓　↓　↓　↓　　　↓　↓　↓

壁畫：　〔1〕〔2〕〔8〕〔6〕　〔7〕〔19〕〔3〕

榜題底稿〔1〕壁畫榜題〔1〕的內容、字數完全一樣，據經文，最後一句應為「得陀羅尼無礙辯才及諸三昧」才是完整的，而兩者均漏抄最後四個字。特別有意思的是，兩者均把經文中的「菩薩摩訶薩七萬二千人」錯寫成「菩薩摩訶薩七萬三千人」。榜題底稿〔4〕與壁畫榜題〔6〕完全一樣，均把經中的「網明言」錯寫成「思益梵天言」。其他幾條榜題也有上述現象，據此亦可確證寫本中的榜題底稿適用於第四五四窟。

有學者指出，P.3457《建窟發願文》適用於第四五四窟，[9]而這份

9　馬德：《曹氏三大窟營建的社會背景》，《敦煌研究》1991年第1期。

該窟經變榜題底稿的發現，對於我們進一步了解經變的繪製程序、洞窟的營建以及藏經洞的藏物性質（筆者同意廢棄說）等情況無疑是有幫助的。

（原標題《論〈思益經〉及其在敦煌的流傳》，刊於《敦煌研究》1997 年第 1 期。又載敦煌研究院編《1994 年敦煌學國際研討會文集・石窟考古卷》，甘肅民族出版社 2000 年版。原文附有第 61 窟思益經變榜題底稿，此略。這次發表增加民族出版社 2012 年出版的陳菊霞《敦煌翟氏研究》一書中的第 85 窟思益經變示意圖與榜題錄文感謝陳菊霞提供）

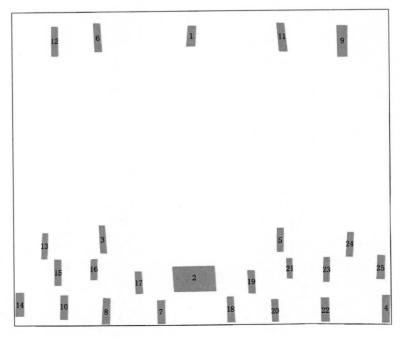

▲ 附：85 窟思益經變榜題抄錄

表 22　第八五窟思益經變榜題經文對照表

序號	榜題	經文	品
1	思益經變		
2	思益梵天所問經／如是我聞時佛住王舍城迦……／僧六……菩薩……皆眾／所……陀……／通無所罣……／忍其名曰文……／王子寶……／發心□法……／捨一□法法王……／……／……／見……／……／四天……／化樂天他……／諸天／……	如是我聞。一時佛住王舍城迦蘭陀竹林，與大比丘僧六萬四千人俱，菩薩摩訶薩七萬二千人皆眾所知識，得陀羅尼無礙辯才及諸三昧，於諸神通無所罣礙，善能曉了諸法實性，悉皆逮得無生法忍。其名曰文殊師利法王子、寶手法王子、寶積法王子、寶印手法王子、寶德法王子、虛空藏法王子、發心轉法輪法王子、網明法王子、障諸煩惱法王子、能捨一切法法王子、德藏法王子、花嚴法王子、師子法王子、月光法王子、尊意法王子、善莊嚴法王子。及跋陀婆羅等十六賢士，跋陀婆羅菩薩、寶積菩薩、星德菩薩、帝天菩薩、水天菩薩、善力菩薩、大意菩薩、殊勝意菩薩、增意菩薩、善發意菩薩、不虛見菩薩、不休息菩薩、不少意菩薩、導師菩薩、日藏菩薩、持地菩薩，如是等菩薩摩訶薩七萬二千人。及四天王、釋提桓因等，忉利諸天、夜摩天、兜率陀天、化樂天、他化自在天。及梵王等諸梵天。並餘無量諸天、龍、鬼神、夜叉、犍闥婆、阿修羅、迦樓羅、緊那羅、摩睺羅伽、人與非人，普皆來集。	序品

序號	榜題	經文	品
3	……菩薩即從……祖右……／三□大千世男引導起……大眾而白……／……聽……敢諮謂佛……當可汝心於是網／……	時網明菩薩即從坐起，偏袒右肩，右膝著地，頭面禮佛足，合掌向佛。動此三千大千世界，引導起發一切大眾，而白佛言：「世尊，我欲從佛少有所問，若佛聽者乃敢諮請。」佛告網明：「恣汝所問，當為解說，悅可爾心。」於是網明既蒙聽許，心大歡喜。	序品
4	爾時世尊受網明菩薩請已即放光明照此三千大千世界普及／□方無量佛土於是諸方無量百千萬億菩薩見兮光已皆來／至此娑婆世界爾時東方過七十二恆河沙佛土有國名清潔佛／號日月光如來應供正遍知今現在世其佛國土有菩薩梵天／名日思益住不退轉	爾時世尊受網明菩薩請已，即放光明，照此三千大千世界，普及十方無量佛土。於是諸方無量百千萬億菩薩見斯光已，皆來至此娑婆世界。爾時東方過七十二恆河沙佛土，有國名清潔，佛號日月光如來應供正遍知，今現在。其佛土有菩薩梵天，名曰思益，住不退轉。	
5	爾時世尊受……菩薩請已即放光明照此三千大千／世界普……無量百千萬億菩薩見斯光已皆／來至此	爾時世尊受網明菩薩請已，即放光明，照此三千大千世界，普及十方無量佛土。於是諸方無量百千萬億菩薩見斯光已，皆來至此娑婆世界。	
6	爾時世尊贊思益梵天善哉善哉知此知事汝今／諦聽善思念之唯然世尊願樂欲聞佛告思益／梵天菩薩有四法堅固其心	爾時世尊讚思益梵天：「善哉善哉，能問如來如此之事，汝今諦聽，善思念之。」「唯然，世尊，願樂欲聞，「佛告思益梵天：「菩薩有四法，堅固其心而不疲倦。」	

序號	榜題	經文	品
7	爾時世尊讚思益梵天善哉善哉能問如來如此之事／汝今諦聽善思念之稚然世尊願樂欲聞佛告思益梵天／菩薩有四法堅固其心而不疲倦何等為四一者於諸眾生起大／悲心二者精進不懈三者信解生死夢如四者正思惟佛之智慧	爾時世尊讚思益梵天：「善哉善哉，能問如來如此之，汝今諦聽，思念之。」「唯然，世尊，願樂欲聞。」佛告思益梵天：「菩薩有四法，堅固其心而不疲倦。何等四？一者於諸眾生起大悲心，二者精進不懈，三者信解生死如夢，四者正思量佛之智慧，菩薩有此四法，堅固其心而不疲倦。」	四法品
8	□□告思益梵天如如來出過□聞亦說世間苦世間集世間滅世／□滅道梵天五陰名世間苦□□五陰名□間集五陰盡名／□世間滅□無……名……言五陰但有／□說於中取相分別生見而	佛復告思益梵天：「如來出過世間，亦說世間苦、世間集、世間滅、世間滅道。梵天，五陰名為世間苦，貪著五陰名為世間集，五陰盡名為世間滅，以無二法求五陰名為世間滅道。又梵天，所言五陰但言說，於中取相分別生見，而說是名世間苦。」	
9	爾時梵天白佛言世尊若如來……者有何／利益諸如來得□提名為佛佛言梵天於汝云何／我所說法若有為若無為是……為實……耶	爾時思益梵天白佛言：「世尊，若如來於法無所得者，有何利益？說如來得菩提名為佛？」佛言：「梵天，於汝意云何？我所說法，若有為若無為，是法為實為虛妄耶？」	解諸法品

序號	榜題	經文	品
10	……梵……／……説文……句通／……不……隨……所應之相／……説説……法……何大悲説法	佛告梵天：「汝何能稱説是人功德，如如來以無礙智慧之所知乎？是人所有功德復過於此。若人能於如來所説文字言説章句，通達隨順不違不逆，和合為一，隨其義理，不隨章句言辭而善知言辭所應之相。知如來以何語説法，以何隨宜説法？以何方便説法？以何法門説法？以何大悲説法？」	解諸法品
11	佛言梵天如來説過去法説未來現在法説垢／淨法説世間出世間法説有罪無罪法説有漏無／漏法有為無為法説我人眾生壽命法……	佛言梵天：「如來説過去法，説未來現在法，説垢淨法，説世間出世間法，説有罪無罪法，説有漏無漏法，説有為無為法，説我人眾生壽命法，説得證法，説生死涅槃法。」	
12	梵天如來依一切文字中汝是解脱門所以者何／諸文字□無合無用性鈍故	又梵天，如來於一切文字中示是解脱門。所以者何？諸文字無合無用性鈍故。	
13	……世尊思益梵天云何聞是大悲法／……言善男子若識在二法則有喜悦若／……	爾時網明菩薩摩訶薩白佛言：「世尊，是思益梵天，云何聞是大悲法門而不喜悦？」梵天言：「善男子，若識在二法則有喜悦，若識在無二實際法中則無喜悦。」	難問品

序號	榜題	經文	品
14	爾時世尊謂思□梵天言善哉善哉……／謂梵天言汝說□□□夫行處吾於……／我有所生……相網明……／言佛所化生……網明言佛□化生有……／可見不網明言以佛力故見梵天言我生亦如是以□力故	爾時世尊讚思益梵天言：「善哉善哉，說諸法相應當如是。」網明菩薩謂梵天言：「汝說一切凡夫行處，吾於彼行者則有行相。」梵天言：「若我有所生處應有行相。」網明言：「汝若不生，云何教化眾生？」梵天言：「佛所化生吾如彼生。」網明言：「佛所化生無有生處。」梵天言：「寧可見不？」網明言：「以佛力故見。」梵天言：「我生亦如是以業力故。」網明言：「汝於起業中行耶？」梵天言：「我不於起業中行。」網明言：「云何言以業力故？」梵天言：「如業性力亦如是，是二不出於如。」	難問品
15	爾時思益梵天□□□世尊未曾有……／所□而知一切眾生……世尊……／誰善男子善女子……	爾時思益梵天白佛言：「未曾有也，世尊，諸佛如來智慧甚深心無所緣而知一切眾生心心所行。世尊，薩婆若有如是無量功德，其誰善男子善女人不發阿耨多羅三藐三菩提心？」	問談品
16	爾時思益梵天白佛言世尊是文殊師利法王子在此大／會而無所說佛即告文殊師利汝於此所說法中可少說／之文殊師利白佛言世尊佛所得法寧可識不佛言不／可識也	爾時思益梵天白佛言：「世尊，是文殊師利法王子在此大會而無所說。」佛即告文殊師利：「汝於此會所說法中可少說之。」文殊師利白佛言：「世尊，佛所得法寧可識不？」佛言：「不可識也。」	談論品

序號	榜題	經文	品
17	爾時……／作佛所……為／益法故出不為……	爾時思益梵天白佛言：「世尊，是文殊師利法王子能作佛事，大饒益眾生。」文殊師利言：「佛出於世，不為益法故出，不為損法故出。」	論寂品
18	爾時思益梵天謂文殊師利如來是實義者能說如是法／文殊師利言如來於法無所說何以故如來尚不得諸法何況說／思益言如來豈不說諸法是世間是出世間是有為是無為／耶文殊師利言於汝意云何是空可說不分別不思益言不也	爾時思益梵天謂文殊師利：「如來是實語者，能說如是法。」文殊師利言：「如來於法無所說，何以故？如來尚不得諸法，何況說法。」思益言：「如來豈不說諸法是世間是出世間，是有為是無為耶？」文殊師利言：「於汝意云何？是 空可說可分別不？」思益言：「不也。」	行道品
19	爾時會中有天子名不退轉□□言世尊所說隨法行隨／法行隨法行者為何謂耶佛告天子隨法行者不行一切法／所以者何若不行諸法則不分別是正是邪如是行者不行／善不行不善不行有為□行世間不行有為不行無為	爾時會中有天子，名不退轉，白佛言：「世尊，所說隨法行，隨法行者為何謂耶？」佛告天子：「隨法行者，不行一切法，所以者何？若不行諸法，則不分別是正是邪，如是行者則不行善，不行不善，不行有漏，不行無漏，不行世間，不行出世間，不行有為，不行無為，不行生死，不行涅槃，是名隨法行。」	等行品

序號	榜題	經文	品
20	爾時佛告思益梵天汝見不退轉天子不唯然已見梵／天此不轉退天子從今已後過三百二十萬億阿僧祇／……佛號須彌燈王如來應供正遍知明行足／……解無上士調禦丈夫天人師佛世尊	爾時佛告思益梵天：「汝見是不退轉天子不？」「唯然，已見。」「梵天，此不退轉天子從今已後，過三百二十萬阿僧祇劫，當得作佛，號須彌燈王如來應供正遍知明行足善逝世間解無上士調禦丈夫天人師佛世尊。」	授不退轉天子記品
21	爾時思益梵天謂文殊師利法王子當請如來／護念斯經於後末世五百歲時令廣流布文殊／師利言于意云何佛於是經有說有示	爾時思益梵天謂文殊師利法王子：「當請如來護念斯經，於後末世五百歲時令廣流布。」文殊師利言：「於意云何？佛於是經有法有說有示可護念不？」思益言：「不也。」	建立法品
22	爾時思益梵天問德忍諸菩薩言汝等豈不聽是經耶／諸菩薩言如我等聽以不聽為聽又問汝等云何諸是法／法耶答言以不知為知又問汝等得何等故名為德忍／答言以一切法不可得故我等名為德忍	爾時思益梵天問得忍諸菩薩言：「汝等豈不聽是經耶？」諸菩薩言：「如我等聽，以不聽為聽。」又問：「汝等云何知是法耶？」答言：「以不知為知。」又問：「汝等得何等故名為得忍？」答言：「以一切法不可得故，我等名為得忍。」	
23	爾時……有天子名淨相謂思益梵天若有但聞此經／佛□□□□者我當受其阿耨多羅三藐三菩提記／所以者何此經不破因果能生一切善法	爾時會中有天子名淨相，謂思益梵天：「若有但聞此經佛不與受記者，我當授其阿耨多羅三藐三菩提記，所以者何？此經不破因果，能生一切善法。」	

序號	榜題	經文	品
24	爾時思益梵天白佛言世尊是天子曾于過去諸佛／所聞是經耶佛言是天子已於六十四億諸佛所得聞是／經過四萬二千劫當得作佛號寶莊嚴國名多寶於／其中聞有諸佛出皆得供養	爾時思益梵天白佛言：「世尊，是天子曾於過去諸佛所聞是經耶？」佛言：「是天子已於六十四億諸佛所得聞是經，過四萬二千劫，當得作佛，號寶莊嚴，國名多寶。於其中間有諸佛出，皆得供養，亦聞是經。」	建立法品
25	爾時淨相天子白佛言世尊我今不求菩提不願菩提不／貪菩提不樂菩提不念菩提不分別菩提云何如來見／受記耶佛告天子如以草木莖節支葉投於火中而／告之言汝等莫然汝等莫然若以是語而不然者無有是處	爾時淨相天子白佛言：「世尊，我不求菩提，不願菩提，不貪菩提，不樂菩提，不念菩提，不分別菩提。云何如來見授記耶？」佛告天子：「如以草木莖節枝葉投於火中而語之言：『汝等莫然，汝等莫然。』若以是語而不然者，無有是處。」	

尊勝經變

　　《佛頂尊勝陀羅尼經》（以下簡稱《尊勝經》，未注明者為佛陀波利譯本）是一部密教經典。《尊勝經》「序」記載：七世紀七〇年代，西域高僧佛陀波利在五臺山遇見一老人，老人問：「漢地眾生多造罪業，出家之輩亦多犯戒律。唯有《佛頂尊勝陀羅尼經》能滅眾生一切惡業，未知法師頗將此經來不？」佛陀波利回答說未帶此經，老人囑其回西域取經。此經取來後，前後五譯，另有若干陀羅尼單譯（音譯）本和數部儀軌譯本流行於世。此經最早譯於儀鳳四年（679），而以永淳二年（683）佛陀波利譯本最為流行。

　　《尊勝經》的基本內容是：「三十三天於善法堂會，有一天子，名曰善住，與諸大天遊於園觀。又與大天受勝尊貴，與諸天女前後圍繞，歡喜遊戲，種種音樂，共相娛樂，受諸快樂。爾時善住天子即於夜分聞有聲言：『善住天子卻後七日命將欲盡。命終之後，生贍部洲，受七返畜生身，即受地獄苦。從地獄出，希得人身，生於貧賤，處於母胎即無兩目。』爾時善住天子聞此聲已，即大驚怖，身毛皆豎，愁憂不樂，速疾往詣天帝釋所。」天帝釋聽了善住天子的敘述，感到自己無

法幫助善住擺脫厄運,「唯有如來應正等覺,令其善住得免斯苦」。便下天宮,到誓多林給孤獨園,向佛求救。佛告訴天帝釋,只要唸誦《佛頂尊勝陀羅尼》,即可解脫一切厄運。天帝釋聽受該陀羅尼之後,回天宮向善住傳授之,使善住得救。

此經譯出後,世人認為「禳罪集福,淨一切惡道,莫急於《佛頂尊勝陀羅尼經》」,[1]所以信仰頗盛。《尊勝經》信仰大致可分為五種類型:

1. 寫經、刻經。現存最早有紀年的刻經是房山石經第七洞,發願文有殘缺,尾署「天授二年□」,即六九一年。[2]龍門蓮花洞有石刻《般若波羅蜜多心經》二部、《尊勝經》一部,其中《尊勝經》有史延福如意元年(692)題記,武周時期建造的擂鼓臺中洞存刻經六部,也刻有《尊勝經》。[3]敦煌遺書中的《尊勝經》寫本有一百多件,P.2411 等《尊勝經》寫本有武周新字,可知武周時期《尊勝經》就流傳到敦煌。BD04456(昆 56 號、北 7108 號)正面為吐蕃時期寫本《毗尼心經》,背面是歸義軍時期佛教相關發願文範本,其中有《尊勝經》範文。全文是:「《尊勝經》。經名佛頂,咒演佛心。幢繞影而消殃,落微塵而滅罪。」

2. 唸誦《佛頂尊勝陀羅尼》。大曆十一年(776),唐代宗敕令:「天下僧尼誦《佛頂尊勝陀羅尼》,限一月日誦令精熟。仍仰每日誦二十一遍。每年至正月一日,遣賀正使具所誦遍數進來。」[4]S.068《淳化二年(991)馬醜女回施疏》中記載「轉……《四十八輕戒》一卷、《佛

1　(元)念常:《佛祖歷代通載》卷一六。

2　陳燕珠編:《新編補正房山石經題記彙編》,覺苑出版社 1995 年版,第 72 頁。

3　王振國:《龍門石窟刻經研究》,《華夏考古》2006 年第 2 期。

4　(唐)法崇:《佛頂尊勝陀羅尼經教跡義記》(一作《佛頂尊勝陀羅尼經疏》)「序」。

頂尊勝陀羅尼》六百遍」。

3. 建造石經幢。這是《尊勝經》信仰的最主要形式，保存下來的經幢很多，河北獲鹿本願寺長安二年（702）經幢是已知最早有紀年的經幢。[5]石窟中也雕刻有尊勝經幢，最早有紀年的經幢龕可能是四川巴中石窟的南龕第八九龕，龕內雕刻尊勝經幢，幢體有「佛頂尊勝陀羅尼」等字和天寶十年（751）紀年。大足北山石窟有許多供奉經幢的窟龕。

唐武宗滅佛時雖下令將「天下尊勝石幢……僧墓塔等……皆令毀拆」[6]。但遺存至今的武宗之前建立的經幢仍然不少，武宗之後的經幢更以百千計。葉昌熾收集的經幢拓本多達五六百件，其藏室號稱「五百經幢館」。[7]北京圖書館（今中國國家圖書館）現藏經幢拓本也有數百件。[8]陝西省文管會一九五八年文物普查中登記的經幢實物達一百四十二座。[9]洛陽關林古代藝術館陳列的經幢也有幾十座，散佈在全國各地的經幢甚多。[10]這些經幢除了少數為《千手經》內容外，絕大多數是《尊勝經》經幢。

4. 宣傳佛陀波利事跡。敦煌莫高窟盛唐一○三、二一七窟的尊勝經變一側畫有佛陀波利史跡畫，將一部經的「序文」提到的內容與經變畫在一起，僅見此兩窟。日本京都藤井有鄰館藏有一件佛教造像

5　（清）沈濤：《常山貞石志》卷七，此據劉淑芬《〈佛頂尊勝陀羅尼經〉與唐代尊勝經幢的建立》，《史語所集刊》67 本第一分冊，1996 年 3 月。

6　圓仁：《入唐求法巡禮記》卷四，上海古籍出版社 1986 年版，第 178 頁。

7　葉昌熾：《語石》卷三、卷四。

8　杜偉生：《北圖所藏經幢拓本》，《文獻》1988 年第 3 期。

9　陝西省文管會：《陝西所見的唐代經幢》，《文物》1959 年第 8 期。

10　劉淑芬：《〈佛頂尊勝陀羅尼經〉與唐代尊勝經幢的建立》，《史語所集刊》67 本 1 分冊，1996 年 3 月。劉淑芬《經幢的形制、性質和來源》，《史語所集刊》68 本 3 分冊，1997 年 9 月。

石，刻佛陀波利見老人、倚坐佛並二弟子、一菩薩立像、一菩薩騎獅，下方題記：「胡僧西國來禮拜，文殊師利化作老人。一佛二菩薩阿難迦葉。」[11]（圖1）圖像與文字都顯示此造像與《尊勝經》的流傳有關。從造像風格看，應屬武周時期或盛唐早期。莫高窟第六一窟西壁五臺山圖中也有「佛陀波利見老人」的畫面。

▲ 圖1　佛陀波利見老人

5. 在牆壁上繪製佛頂尊勝陀羅尼經變，今僅見於敦煌壁畫，共有八鋪。盛唐四鋪（23、31、103、217 窟），晚唐一 鋪（156 窟），五代末、宋初三鋪（55、169、454 窟）。[12]其他地區未見尊勝經變遺存，畫史上也不見記載敦煌八鋪尊勝經變為我們研究《尊勝經》的信仰提供了新的資料。

11　圖見 1999 年朝日新聞社《玄奘三藏の道》展品圖彔第 150 圖。

12　本世紀初，下野玲子從唐前期洞窟中發現了第 23、31、103、217 窟中的尊勝經變，見《敦煌莫高窟第 217 窟南壁經變の新解釋》，《美術史》第 157 號 2004 年。而後敦煌研究院學者發現晚唐第一五六窟、宋代第一六九窟也各有一鋪。

　　本文介紹五五、四五四窟的尊勝經變。第五五窟尊勝經變位於北壁西起第一鋪，有榜題二十六條，其中的十三條尚存全部或部分文字，經筆者抄錄查對，知出於佛陀波利譯本，但字句略有刪減改動。第四五四窟尊勝經變也位於北壁西起第一鋪，有榜題三十七條，均存有全部或部分文字除一些查無出處者外，大部分內容也出於佛陀波利譯本。

　　五五、四五四窟尊勝經變可分天宮、説法會和條幅畫三部分其具體表現形式和內容頗多異處，分開介紹如下。

一　第五五窟尊勝經變

　　第五五窟建於九六二年前後，係當時敦煌最高統治者歸義軍節度使曹元忠的功德窟。該窟繪經變達十六鋪之多，尊勝經變即是其中之一。由於畫面比較雜亂，我們按畫面位置而不是經文前後來解讀畫面。

1. 天宮

　　畫面 A1：經變正中為大海，海水中立一細腰須彌山，山體中瀝粉堆金題「佛頂尊勝陀羅尼經變」。山的東側偏下處畫一龍，西側偏下處畫一鳳。天宮位於須彌山頂，由圍牆圍成，呈方形，四角有角樓，角樓比圍牆高。圍牆內的建築有主殿和側殿，側殿兩座，分立於主殿前方兩側。主殿兩層，下層端坐一人，當為天帝釋，佛經記載天帝釋住在須彌山頂。側殿只有一層，（畫面）左邊的側殿前有男子一人，女子三人，男子形像較高大，當為善住；右邊的側殿前有女子四人。

　　考釋：以上內容表示善住「與諸天女前後圍繞，歡喜遊戲，種種音樂，共相娛樂，受諸快樂」。

　　畫面：天宮外兩側各有四層對稱分布的彩雲，每側上兩層彩雲中

有房屋各三座，下兩層彩雲中有房屋各兩座，房屋之間有樹。

　　考釋：這些房屋當代表三十三天的宮殿。佛經云須彌山四方各有八天，加天帝釋共三十三天。《尊勝經》曾言「三十三天於善法堂會」，所以在須彌山頂周圍畫了諸天宮殿。

B8	R1　R2　　R3	R11　　R12　　R13	B1
B9	R4　R5　　R6	R14　　R15　　R16	B2
	R7　　R8	R17　　R18	B3
B10	R9　　R10	R19　　R20	B4
B11	A1		B5
B12	A7　　A8	A9　　　A10	B6
	A3	A2	B7
	A11　A12　　A5　　　A4　　　A6　　　A13　　A14		

▲ 莫高窟第五五窟尊勝經變示意圖（R1–20 為宮殿）

2. 說法會（A2–A14）

　　畫面 A2：一朵彩雲從圍牆正面門中向畫面右側飛下，雲頭中有三人，一人形像較大，戴通天冠，為天帝釋及侍從。畫面前方榜題是：

「爾時帝釋言：此咒名《淨除一切惡道佛頂尊勝陀羅尼》，能除一切罪業等障，能破一切穢惡道苦。天帝，此□□。」

考釋：榜題最後兩字漫漶，但可以推斷出榜題未抄完經文，榜題所據經文是：「佛告帝釋言：此咒名《淨除一切惡道佛頂尊勝陀羅尼》，能除一切罪業等障，能破一切穢惡道苦。天帝，此大陀羅尼，八十八殑沙俱胝百千諸佛同共宣説。」榜題首句「爾時帝釋言」係「佛告帝釋言」之誤。榜題與畫面的內容不符，畫面所據的經文是：「（善住天子把自己有厄難的消息告訴天帝釋後）爾時帝釋即於此日初夜分時……往詣誓多林園於世尊所。」

畫面 A3：與上一畫面對應的另一側畫面是天帝釋及兩侍從乘彩雲飛上天宮，畫面上方的兩個榜題已漫漶，下方榜題是：「爾時……口持還於……。」

考釋：畫面和榜題所據經文是：「爾時天帝於世尊所受此陀羅尼法，奉持還於本天。」

畫面：須彌山兩側各有一條向上飛的彩雲，每條彩雲裡分出兩個雲頭，每個云頭中有一佛二菩薩。無榜題。

考釋：《尊勝經》中並無諸佛上天宮的內容，第四五四窟尊勝經變中也有類似畫面，故在後面一起討論該內容。

畫面：經變下方繪一圍牆，內繪佛説法會。中為一佛（釋迦牟尼）説法，佛前有一人面佛而跪，著天衣（菩薩裝），佛兩側各有一弟子一菩薩四護法神。無榜題。

考釋：表示佛在給孤獨園説法。弟子當為阿難和迦葉，菩薩應是觀音和大勢至（參見後面將提及的第四五四窟尊勝經變説法會中的有關榜題和筆者的考論）；左右各四位金剛形像的護法諸神，當為天龍八部。佛陀波利譯本無天龍八部內容，但（唐）地婆訶羅譯的《佛頂最

勝陀羅尼經》記載：「復有……天龍八部、人非人等來至佛所。」知佛
說法時有天龍八部在場。佛前胡跪的是善住。善住的服飾，經文中未
提及，但儀軌中有載，（唐）善無畏譯的《尊勝佛頂修瑜伽法軌儀》卷
上云「（善住）容貌端嚴，如似菩薩，頭髮、衣冠亦復如是，以種種瓔
珞花冠莊嚴」。善住稍下兩側各有兩位供養菩薩，兩兩相對而跪，手捧
供品。每側供養菩薩後面是站立的十位聽法菩薩。

這組畫面表示的經文是：「如是我聞，一時薄伽梵在室羅筏住誓多
林給孤獨園，與大苾芻眾千二百五十人俱，又與諸大菩薩僧萬二千人
俱。」

畫面 A4：下層正中為主榜題，是該經變所有二十八條榜題中最大
的，惜已漫漶。

考釋：根據第四五四窟尊勝經變中同一位置存有文字的榜題和其
他經變情況分析，此榜題應是序分內容，即「如是我聞」等經文。

畫面 A5、A6：主榜題左側為天帝釋及四侍從，其中後兩侍從各持
一華蓋。榜題是：「爾時天帝釋將善住天子□……」（A5）右側為善住
及四侍從，其中後兩侍從也各持一華蓋。榜題是：「爾時善住天子頂禮
佛……迎……一邊。」（A6）

考釋：這兩個畫面所根據的經文是：「爾時帝釋至第七日，與善住
天子將諸天眾……往詣佛所，設大供養，以妙天衣及諸瓔珞供養世
尊，繞百千匝，於佛前立，踴躍歡喜，坐而聽法。」榜題與畫面、經文
基本相符。

《尊勝經》兩次提及佛在給孤獨園說法：一次是天帝釋下天宮到給
孤獨園向佛求救時，佛向天帝釋宣說了《佛頂尊勝陀羅尼》；另一次是
善住天子受持《佛頂尊勝陀羅尼》後，厄運解除，天帝釋攜善住下天
宮，向佛表示感謝，「爾時世尊舒金色臂，摩善住天子頂，而為說法，

授菩提記」。從說法會下有天帝釋、善住聽法等場面和榜題上看，說法
會表示的應是後一次說法。但說法會上方兩側的天帝釋下天宮、返回
天宮等畫面又與給孤獨園有連繫，故亦可視作說法會兼顧兩次說法場
面。說法會與上下畫面有機地結合在一起，構成一個整體。

榜題 A7–A14 漫漶。

3. 條幅畫（B1-B12）

敦煌壁畫中，有許多經變在兩側繪有狹長的條幅畫，類似現在的
對聯，如觀無量壽經變、藥師經變、密嚴經變等，所有的條幅畫都由
若干小畫面組成。其中一些經變條幅畫各畫面之間有連貫的情節，有
一定的前後次序和上下關係，位置不能隨意換動，如觀無量壽經變中
的未生怨和十六觀條幅畫；另一些經變的條幅畫各畫面之間沒有聯貫
情節，內容相對獨立，如莫高窟第九九窟北壁的千手眼觀音變中的救
諸苦難和三十三現身條幅畫。敦煌尊勝經變的條幅畫屬於後者，表現
的內容是受持《佛頂尊勝陀羅尼》的功德等。

第五五窟尊勝經變的條幅畫共有十二個畫面，左側五幅，右側七
幅。右側部分內容在前故先介紹右側條幅畫：

右側的七個畫面自上而下是：

畫面 B1：天上有兩隻飛鳥，地上有一狗、一蛇、一猴、一牛。畫
面左右側各有一榜題，右側的比左側的略高，文字是：「觀見所謂豬、
狗、野干、彌猴等。」左側榜題是：「蟒蛇、鷲……帝釋……來應正等
覺……。」

考釋：畫面表示善住將自己有厄運的消息告訴天帝釋後，天帝釋
「靜住入定諦觀，即見善住當受七返惡道之身，所謂豬、狗、野干、彌
猴、蟒蛇、鳥鷲等身，食諸穢惡不淨之物。爾時帝釋觀見善住天子當
陷七返惡道之身，極助苦惱，痛剡於心，諦思無計，何所歸依？唯有

如來應正等覺，令其善住得免斯苦」。榜題即從該段經文中摘錄而成。

畫面 B2：一人跪對一堆散亂的屍骨合十唸誦，兩人乘雲升天。

考釋：榜題已漫漶。畫面所據經文是：「若人先造一切極重惡業，遂即命終乘斯惡業，應墜地獄，或墜畜生閻羅王界，或墜餓鬼乃至墜大阿鼻地獄。或生水中，或生禽獸異類之身。取其亡者隨身分骨，以土一把，誦此陀羅尼二十一遍，散亡者骨上，即得生天。」

畫面 B3：一俗人跪對一案，合十唸誦，案上置一瓶。榜題是：「爾時善住天子語已，天甚驚愕，即自思惟：是何七返惡道之身？爾時……」

考釋：所據經文是：「爾時帝釋聞善住天子語已，甚大驚愕，即自思維：此善住天子受何七返惡道之身？爾時帝釋須臾靜住入定諦觀，即見善住當受七返惡道之身。」參考上面畫面 B1 考釋中所引經文，此畫面應在畫面 B1 之前。畫面表示天帝釋「人定諦觀」，但經文和儀軌中均未言及案桌和案桌上放法器（瓶），桌、瓶是佛教道場常見用品，故有繪製。

畫面 B4：一人持經卷誦讀。四個上身裸露、頭髮上豎、形似夜叉的人雙手合十，跪著聽經。榜題是：「佛言，若有善男子、善女子受持讀誦是……聞，即得生天……供養，身口清淨。」

考釋：受持誦讀佛頂尊勝陀羅尼的功德，經中多見，比較接近此榜題的經文是「佛言：若人能日日誦此陀羅尼二十一遍，應消一切世間廣大供養，捨身往生極樂世界」。「天帝：若人命欲將終，須臾憶念此陀羅尼，還得增壽，得身、口、意淨。」榜題和畫面相符。

畫面 B5：一院子，有角樓，牆上有護牆鐵叉。院內大火燒著鍋，一牛頭鬼卒正用長竿挑起一人，往鍋裡扔，那人四肢掙扎，驚恐狀。榜題是：「爾時善住天子卻後七日，命將欲盡，命終之後生贍部洲，七

返受畜生身。受七身已，即生諸地獄，從地獄出□。」

考釋：榜題與經文基本相同（經文見前面介紹《尊勝經》基本內容時所引）。似乎沒把經文抄完整。贍部洲即閻浮洲，是「大地之總名」，[13]與善住等所住的天宮相對應。「七返受畜生身」是指轉生七種動物之身，「所謂豬、狗、野干、獼猴、蟒蛇、鳥鷲等身，食諸穢惡不淨之物」。經文只提到六種。然後投生地獄身。《尊勝經》只提及地獄這一名稱，並未談到地獄中的種種酷刑。地獄裡的酷刑繁多，「下湯鑊」是十八層地獄中的第七層獄中酷刑，用以代表地獄。

畫面 B6：一人雙手合十，跪對一房，房中一人掙扎著從房門中爬出。

考釋：畫面旁的榜題已漫漶。與該畫面平行的主體説法會一側存有榜題，內容是：「若人聞一經於耳，先世所造惡業悉得消□□得清淨之身，隨所生處，憶持不忘。」與經文基本相同。該榜題周圍無畫面，此榜題即表示「若有人聞一經於耳，先世所造一切地獄惡業悉皆消滅」。房屋代表地獄（參見上一畫面）。此畫面頗類似觀音經變中所表示的「或囚禁枷鎖，手足被杻械，念彼觀音力，釋然得解脫」之出獄門畫面。

畫面 B7：一尖頂、圓身、方座塔，周圍立著四人，正合十禮塔。榜題是：「天帝：有陀羅尼，名《如來佛頂尊勝》……能淨除一切生死苦惱，又能淨除諸地獄閻羅王界。」

考釋：該榜題應是上一畫面的榜題，並且沒有抄全經文，「閻羅王界」後還應有「畜生之苦」等經文。畫面所據經肯定是：「於四衢道造窣堵波，安置陀羅尼。合掌恭敬，旋繞行道，歸依禮拜。能如是供

13　丁福保《佛學大辭典》，文物出版社 1984 年版，第 1464 頁。

養者，名摩訶薩。」

左邊條幅畫的五個畫面自上而下是：

畫面 B8：一水池，兩人坐在池中蓮上。

考釋：榜題漫漶。畫面所據經文當是：「若人遇大惡病，聞此陀羅尼，即得永離一切諸病……從此身已後，更不受胞胎之身。所生之處蓮花化生。」畫面表示「蓮花化生」。

畫面 B9：一人合十，跪對一案，一人乘雲升天。榜題是：「合掌供（恭）敬，旋繞行道，歸……能如是供養。」

考釋：該榜題也沒有把經文抄完整。榜題與畫面不符，它應是右側條幅畫畫面 B7 的榜題。比較接近畫面內容的經文是：「若人能日日誦此陀羅尼二十一遍，應消一切世間廣大供養，舍身往生極樂世界。」

畫面 B10：一人合十，跪對群山。

考釋：榜題漫漶。經中並無面對群山禮拜或誦讀陀羅尼的文字，畫面可能表示「若人能書寫此陀羅尼，安高幢上，或安高山」，即把《佛頂尊勝陀羅尼》安於高山，獲諸功德。

畫面 B11：一水池，池中有兩鳥。

考釋：榜題漫漶。畫面所據經文是：「若人先造一切極重惡業，遂即命終乘斯惡業……或生水中，或生禽獸異類之身。」我們注意到，該畫面與右側條幅畫畫面 B8 所據經文在同一處，而畫面不在一處。

畫面 B12：一座四層幢，一人合十立於幢下。

考釋：榜題漫漶。畫面所據經文可以確認是：「若人能書寫此陀羅尼，安高幢上，或安高山，或安樓上，乃至安窣堵波中。天帝：若有苾芻、苾芻尼、優婆塞、優婆夷、族姓男、族姓女於幢等上，或見或與相近，其影映身或風吹陀羅尼上、幢等上塵，落在身上。天帝：彼諸眾生所有罪業，應墜惡道、地獄、畜生、閻羅王界、餓鬼界、阿修

羅身，惡道之苦皆悉不受，亦不為罪垢染污。」這段經文較重要，許多佛頂尊勝陀羅尼經幢在立幢緣起時引用之，是《尊勝經》廣泛流行的重要原因之一（後文還將討論）。該畫面所表示的內容與建立經幢（石經幢）的目的是一致的。

二　第四五四窟尊勝經變

　　第四五四窟建於十世紀七〇年代，比第五五窟晚十餘年。窟形、壁畫題材與第五五窟基本相同，窟主是曹延恭夫婦，而曹延恭與第五五窟窟主曹元忠是叔侄關係，均為歸義軍節度使。但該窟尊勝經變與第五五窟的尊勝經變相異頗多，特別是經變説法會的上層和下層基本上不是《尊勝經》中的內容，這是非常奇怪的現象。我們將這鋪經變分三組介紹。

1. 天宮（A–G）

　　畫面：經變上層正中為榜題 A，字體較大，僅四字，為「善法堂會」。榜題兩側對稱分布一佛二菩薩畫面三組，這六個畫面的榜題均保存完好。「善法堂會」榜題向左側的三佛之榜題依次是 B「佛會，往於天宮」、C「釋迦牟尼如來」和 D「盧舍那佛」。按：靠近「善法堂會」榜題的一佛二菩薩的榜題有誤，應為一佛名，而榜題是「佛會，往於天宮」。另一側三身佛榜題依次是 E「南無迦葉佛」、F「南無普光佛」和 G「南無阿彌陀佛」。經變中層主説法會上方兩側各有兩組一佛二菩薩乘雲飛向上方（即天宮），另各有一組五佛乘雲飛向下方。

　　考釋：以上共有一佛二菩薩畫面十幅（左右各 5 幅），五佛畫面二幅（左右各一），這些畫面表示「佛會，往於天宮」，但《尊勝經》只言三十三天於善法堂會和比丘、菩薩於給孤獨園會，並無諸佛於天宮

集會的內容。值得注意的是：第五五窟尊勝經變中，須彌山兩側也各有一彩雲飛向天宮，雲頭中有一佛二菩薩。很明顯，這些內容是受其他經變影響，由其他經變移入的，初唐到西夏時期的敦煌許多經變中都有這樣的畫面。

```
R        D   C   B           E    F    G      L1 L2

                    A
S                                                 M

T                   說                             N

U         I         法              H             O

V                   會                             P
          K                        J

W                                                 Q

     5   3   1   主   7    9    11
                 題
     6   4   2   榜   8   10   12
```

▲ 莫高窟第四五四窟尊勝經變示意圖

第四五四窟尊勝經變上層並未畫出天宮，上層佛會內容與《尊勝經》沒有關係，在經變中不表示該經內容。其諸佛榜題也頗多問題，明明是一佛二菩薩畫面，卻有「佛會，往於天宮」之榜題；釋迦牟尼正在給孤獨園說法，卻在佛會中把一佛二菩薩畫面標上「釋迦牟尼如

來」；佛教一般把迦葉佛、普光佛叫作過去佛，阿彌陀佛是西方淨土世界教主，盧舍那佛是報身佛，互相似無關係。筆者認為這些榜題是畫工信手寫的。

出現這種非《尊勝經》內容的情況在經幢中也存在，如在內蒙古巴林左旗前昭廟石窟中，有兩座尊勝經幢，其中一座幢身下部的八面各刻銘文一行：佛頂尊勝陀羅尼幢；南方光明電王設羝嚕、圓滿報身盧舍那佛、西方光明電王名主多光、清淨法身毗盧遮那佛、北方光明電王名蘇多末尼、千百億化身釋迦牟尼佛、東方光明電王名阿揭多。[14] 其中三身佛在佛教中常見，四光明電王見義淨譯《金光明最勝王經》卷七，而第四五四窟尊勝經變中的佛會內容筆者沒有查出其出處（大約是畫工隨意寫上諸佛名的）。

2. 說法會（H—K）

第四五四窟尊勝經變的說法會與第五五窟迥異：沒有繪出大海、須彌山、天宮等內容。說法會的背景是群山，這裡也可以把群山看成是誓多林給孤獨園。說法會中有規模宏大的宮殿建築，宮殿建於寶池之上，池中有蓮花。宮殿由主殿、側殿、虹橋、平臺等組成，結構複雜，氣勢雄偉，類似阿彌陀、觀無量壽、藥師、彌勒等淨土經變中的建築。第五五窟尊勝經變則比較忠實於原經文：繪一低矮圍牆表示給孤獨園，佛在圍牆內說法，沒有大型宮殿建築。

第四五四窟尊勝經變的主殿為二層樓，佛在樓下說法，佛面用金粉妝飾。樓上也有一佛，形像很小，不知何意，待考。佛的兩側對稱分布著一位形像較大的菩薩，每位大菩薩周圍有十六身形像較小的脅侍菩薩。菩薩群外各有四位金剛形像的護法諸神，即天龍八部。

14　李逸友：《內蒙古巴林左旗前後昭廟的遼代石窟》，《文物》1961 年第 12 期。

　　畫面右側大菩薩下方有一榜題 H，題：「南無觀世音菩薩。」左側大菩薩下方的榜題 I 是：「南無大勢至菩薩。」佛陀波利譯的《尊勝經》中只云佛「與諸大菩薩僧萬二千人俱」，沒有提具體的菩薩名號，義淨譯本也沒有提及。但其他三個譯本均有觀自在菩薩、大勢至菩薩等「而為上首」。可知「諸大菩薩僧萬二千人」中應包括觀音和大勢至，尊勝經變中有這二身上首菩薩是符合經文的。至於它們在佛的哪側，《尊勝經》各譯本均未提及，一般認為（如《觀無量壽經》），觀音是佛的左脅侍，大勢至是佛的右脅侍。第四五四窟尊勝經變中的觀音和大勢至正侍立於佛的左、右側。

　　觀音下方為天帝釋、善住及四侍從，榜題 J 是：「時天帝釋於初夜分來詣佛所。」榜題與畫面相符，榜題所據經文是：「（善住將自己有厄運的消息告訴天帝釋後）爾時帝釋即於此日初夜分時，以種種花蔓、塗香、末香，以妙天衣莊嚴執持，往詣誓多林園於世尊所（向佛求救）。」大勢至下方為一天王二侍從，與上一畫面對稱分布，榜題 K 是：「四鎮天王來於佛會。」根據經文「護世四天大王繞佛三匝，白佛言：世尊，唯願如來為我廣說持陀羅尼法」。知佛說法時，四大天王在場。

　　佛前有樂舞圖。中間為二樂伎，一樂伎反彈琵琶，另一樂伎揮袖起舞；兩側為樂隊，每側八人，共十六人，供養於佛。《尊勝經》有描繪：「爾時帝釋至第七日，與善住天子將諸天眾，嚴持花蔓、塗香、末香、寶幢、幡蓋、天衣、瓔珞，微妙莊嚴，往詣佛所，設大供養。」沒有提到樂舞供養場面。敦煌壁畫中的許多經變中都有類似的樂舞場面，是一種通用題材。筆者認為，第四五四窟尊勝經變中的樂舞圖是其他經變樂舞圖的翻版和移植，表示「設大供養」。

　　樂舞圖下方為陀羅尼壇場（此壇場將在後面討論）。壇場與天帝釋

之間繪天帝釋及三侍從，壇場與天王之間繪善住及二身侍從（善住著菩薩裝），形像均為靜坐聽法。第五五窟尊勝經變中也有此內容。

上述內容位於經變中層，有一條裝飾帶將中層和下層內容分開。下層正中為主榜題，是該經變中面積最大、內容最多的一條榜題，內容是：「佛頂尊勝陀羅尼經變。如是我聞，一時婆伽婆在室羅筏住誓多林給孤獨園，爾時三十三天於善法堂會。有一天子，名曰善住，諸天女於其……受尊勝貴妙……忽於空中聞有聲言：汝中受七返畜生身。」與佛陀波利譯本基本相同。

3. 條幅畫（L-W）

第四五四窟尊勝經變的條幅畫與第五五窟的一樣多，共十二幅，且部分畫面相似。右側條幅畫共有六個畫面，七條榜題。

右側：

畫面 L：一人跪對一屍體，兩人乘雲升天，上方有一房屋，當表示天宮。畫面右側榜題 L1 是：「善住天子還得增壽，唱言：善哉。」左側榜題 L2 是：「令其善住天子得生天。」

考釋：善住本是天子，如何「得升天」，經中無類似文字。前一榜題所據經文是：「爾時善住天子受此陀羅尼已滿六日六夜，依法受持，一切願滿，應受一切惡道等苦即得解脫，住菩提道，增壽無量。」榜題與畫面不符。畫面表示的內容類似第五五窟尊勝經變右側條幅畫畫面八，這裡畫的是屍體，而不是屍骨，地婆訶羅譯本記載：「若有為彼惡業所牽，已命終者，亦當誦此陀羅尼咒二十一遍，以咒咒土，散其屍上，隨所生處，舍彼苦身，生天受樂。」這段經文似乎更接近畫面。

畫面 M：一正方形壇場，四角各有一瓶，一人跪對壇場，合十唸誦。榜題是：「善住天子七日七夜結其壇場□佛頂尊勝陀羅尼。」

考釋：榜題所據經文見上一畫面考釋中所引。經中只云善住受持

佛頂尊勝陀羅尼六日六夜，而榜題卻云七日七夜，誤。受持佛頂尊勝陀羅尼時要結壇場，經中有述（詳後）。

畫面 N：一蛇、一猴、一狗。榜題是：「所有惡業重障悉皆消滅，乃至螻蟻蟻子蟲□鳥獸之身，更不從壽。」

考釋：榜題所據經文是：「若人須臾得聞此陀羅尼，千劫已來積造惡業重障……蚊、虻、龜、狗、蟒蛇，一切諸鳥及諸猛獸，一切蠢動含靈乃至蟻子之身，更不重受。」榜題中的「更不從壽」乃是「更不重受」之誤。

畫面 O：一女子在屋內持經卷誦讀，一男子合十，跪在屋外。

榜題是：「若人命終，誦佛頂尊勝陀羅尼一百八遍，還得增壽。」

考釋：所據經文是：「若人命欲將終，須臾憶念此陀羅尼，還是增壽。」

畫面 P：一人跪著持經卷誦讀，一頭髮上豎、上身裸露的人正跪對合十聽經。榜題是：「若人持《佛頂尊勝陀羅尼經》，諸惡罪障皆得消滅，當得阿耨多羅三藐三菩提。」

考釋：《尊勝經》中無此文字，畫面類似第五五窟尊勝經變右側條幅畫畫面十。

畫面 Q：一方座圓塔，旁立兩人，合十禮拜。榜題是：「佛頂尊勝陀羅尼□□……持法供養。」

考釋：榜題所據經文不詳，畫面與第五五窟尊勝經變右側條幅畫畫面十三基本相同，表示造塔安置《佛頂尊勝陀羅尼》，並「合掌恭敬，旋繞行道，歸依禮拜。」

左側：

畫面 R：一幢，僅一層，如華蓋狀，一人合十跪對。一人乘雲升

天。上有一房屋，表示天宮。榜題：「承佛頂尊勝陀羅尼福威，令生天上。」

　　考釋：經中無此文字。

　　畫面S：一女子挺胸站立，手持經卷。對面立一男子，向前伸出一手。榜題是：「若有女人懷孕，受持佛頂尊勝陀羅尼□□。」

　　考釋：經中並無女人懷孕之類的內容，但善無畏譯的《軌儀》中記載：「若有女人欲求男女子者，於一百日辦香美飲食，乞與貧病人吃。施食之時，常誦真言，念念不絕。如此作法，必獲福德男女兒子。」疑此即為畫面及榜題的依據。

　　畫面T：一幢，四層。左側一人合十跪對，右側有三隻鳥。榜題是：「佛頂尊勝陀羅尼，或安高幢，或安高山，其影影（映）著亡者身上，或吹塵土，皆得生天。」

　　考釋：畫面與第五五窟尊勝經變左側條幅畫面十八類似，榜題所引經文見考釋文中所引。

　　畫面U：一幢立於山頂，此幢僅一層，類似本側條幅畫面R中的幢。榜題是：「或安高山。」

　　考釋：此四字又見上一榜題。畫面、榜題均符合經文。

　　畫面V：一幢，形狀大小同上一畫面之幢，四周由柵欄護衛著。旁有三人，兩立一跪，對幢合十。榜題是：「若常誦唸，能□世間□□供養。」

　　考釋：榜題所據經文應是：「若人能日日誦此陀羅尼二十一遍，應消一切世間廣大供養。」但畫面與榜題不符，畫面所據經文應是：「（人們）於幢等上或見或與相近，其影映身，或風吹陀羅尼上、幢等上塵，落在身上（便消災獲福）。」它與上兩個畫面的出處在同一處經文中。

　　畫面 W：房內一人持經卷誦讀，房外一人跪對合十聽經。榜題：「若有……流通供養。」

　　考釋：榜題所據經文當是：「若能書寫流通，受持讀誦聽聞供養，能如是者，一切惡道皆得清淨，一切地獄苦惱悉皆消滅。」畫面類似右側條幅畫面 O，只是一個表示臨終前臨時抱佛腳，一個表示平時受持佛頂尊勝陀羅尼。

4. 主榜題周圍一組畫面及其榜題（**1-12**）

　　左側的畫面及榜題是：

　　（1）一佛說法，二菩薩脅侍，另一菩薩雙手合十，跪對聽法。佛前置一案桌，上有法器（盛物）三件。榜題是「南無……」。

　　（2）一佛說法，二菩薩脅侍。榜題是「南無……」。

　　（3）一比丘坐禪，身後樹上持一挎袋。榜題是「若有比丘誦念」。但經文和儀軌中均無類似文字，出處不詳。

　　（4）一案桌，上有法器三件（完全同於畫面 1 諸物）。案桌前有四身俗人跪拜。榜題是「佛頂尊勝陀羅尼案」。榜題出處不詳。

　　（5）一菩薩說法，二菩薩脅侍，一比丘聽法。榜題是「南無慈氏菩薩」。

　　（6）一房屋。榜題是：「若……中結其壇場，著鮮淨衣，誦佛頂尊勝陀羅尼一千遍，所有罪障，即得清淨。」

　　考釋：畫面一到五的內容不可考。畫面六的榜題提到壇場應是《尊勝經》內容，經云：「若誦此陀羅尼法：於其佛前先取淨土作壇……」「受持此陀羅尼法……當先洗浴，著新淨衣，白月圓滿十五日時持齋誦此陀羅尼，滿其千遍。令短命眾生還得增壽，永離病苦，一切業障悉皆消滅，一切地獄諸苦亦得解脫。」此畫面附近無壇場，疑此榜題是說法會下方壇場的榜題，而畫面所表示的內容不明。

右側的畫面和榜題是：

（7）一佛說法，二菩薩脅侍。佛前置一案桌，上有法器三件（器物完全同左側畫面1、4中的器物）。榜題是「南無釋迦牟尼佛」。

（8）畫面完全同上。榜題是「南無⋯⋯」。

（9）一菩薩說法，另一菩薩雙手合十，跪對聽法。榜題「南無⋯⋯」。

（10）畫面完全同上。榜題是「南無⋯⋯」。

（11）一人持篙撐船。榜題是：「或生水中。」

（12）一菩薩說法，二菩薩脅侍，另一菩薩雙手合十，跪對聽法。榜題是「南無龍吉祥菩薩」。

考釋：畫面七到十內容不可考，非《尊勝經》內容。畫面十一的畫面與榜題存在問題，《尊勝經》中的「或生水中」（見第五五窟尊勝經變左側條幅畫面4）是指投胎為水生動物，而不是指生活在水中的人，此畫面作者似誤解了經文意思。同一題材，第五五窟尊勝經變用水池中有兩鳥來表示，十分恰當。

畫面十二榜題出現「龍吉祥菩薩」，佛經中罕見此菩薩名，筆者僅在（北宋）法天譯的《佛說未曾有正經法》中查得其名，且與《尊勝經》毫無關係。

以上十二個畫面及榜題中，有八個畫面表示佛、菩薩，這些畫面與《尊勝經》及儀軌無關；另外四個畫面及榜題或把經文理解錯（畫面11），或畫面與榜題不符但榜題出於經中（畫面6），或看起來與經文和儀軌有關但查無出處（畫面3、4）。疑這十二個畫面因壁畫有餘而隨意補繪的，其他經變中似乎沒有類似情況。

三　對幾個問題的看法

1. 二鋪尊勝經變的相互關係

我們可以將這二鋪尊勝經變作一比較。

（1）我們從《敦煌莫高窟內容總錄》和《敦煌莫高窟供養人題記》中知道，第四五四窟的窟形、壁畫題材、開窟時代都與第五五窟基本相同窟主的身分、血緣關係也頗密切。

（2）二鋪尊勝經變的條幅畫有一致的地方，如均有十二幅畫面，條幅畫基本相同的也較多。筆者認為第四五四窟尊勝經變的條幅畫沿用了第五五窟尊勝經變條幅畫部分內容，它們有繼承關係。

2. 敦煌尊勝經變與尊勝儀軌中的畫像關係

《大正藏》第十九冊收錄尊勝儀軌四種，其中善無畏譯本、若那譯本和日本平安時代寫本同出一梵本，而不空譯本出於另一梵本，這四種儀軌均云及尊勝畫像。不空譯的《佛頂尊勝陀羅尼念誦儀軌法》記載：「於山間閒處，或於淨室畫本尊勝陀羅尼像，安於東壁上，持誦者以畫對之。」未言及具體畫像內容，善無畏譯本內容繁多，分二卷十二品，其中「畫像品」記載：「凡欲作法受持佛頂尊勝陀羅尼神咒者，先須畫像……當畫作甘露山，山中作種種樹林花果流泉鳥獸。山中作禪窟，窟內作釋迦牟尼佛，結跏趺坐。佛右邊作天主帝釋，一切眷屬圍繞。左作乾闥婆兒，名曰善住，容貌端嚴，如似菩薩，頭髮衣冠亦復如是，以種種瓔珞花冠莊嚴，又以白氈巾斜勒左肩上，右手把球杖。又作乾闥婆眷屬，圍繞善住，歌舞作樂。佛左右各作兩個四天王及其眷屬。又於佛左邊作大梵天王並魔王。」該畫像法有些內容出於《尊勝經》，如主尊為釋迦牟尼，兩側有天帝釋和善住等。但敦煌尊勝經變是依據佛陀波利譯的《尊勝經》繪製，完全不同於儀軌所規定的畫像。

如經變中佛在宮殿內說法，而儀軌卻要求把佛畫成山中禪窟內結跏趺坐形像；經變中的善住沒有像儀軌所云「右手把球杖」。

3. 敦煌尊勝咒壇圖

第四五四窟尊勝經變中有兩處出現尊勝咒壇：其一是在說法會下方，方形，正中和四角為蓮花，咒壇內四邊各置一瓶；另一咒壇在右側條幅畫中，方形，四角各置一瓶，榜題中有「善住天子七日七夜結其壇場」之句，説明這是尊勝壇場。在藏經洞出土的紙絹畫中，S.P.174為一幅紙本墨畫的尊勝咒壇圖，佛的四角各有一瓶一燈一天王，四門各有一香爐一水器一菩薩，門南置咒師座，身後為火爐。該咒壇圖我們還可以在敦煌遺書 S.2498《觀世音應現身與願陀羅尼》之後，《大悲壇法別行本》之前見到，除火爐與咒師位置互置外，餘皆相同。另外，BD06225（姜 25 號，北 7682 號）卷子中《佛頂尊勝陀羅尼》之後有一咒壇圖，內容與上述兩種咒壇圖也相似。S.2498 和 BD06225 均為陀羅尼集，但尊勝咒壇圖不見現行的諸大藏經中。

《尊勝經》記載：「若誦此陀羅尼法：於其佛前先取淨土作壇，隨其大小方四角作。以種種草、花散於壇上，燒眾名香，右膝著地胡跪，心常唸佛，作慕陀羅尼印……誦此陀羅尼一百八遍。」並未言及淨瓶等物。地婆訶羅譯的《最勝佛頂陀羅尼淨除業障咒經》和不空譯的儀軌比較接近敦煌咒壇圖。地婆訶羅譯本記載：「其壇方圓四肘為量，稜伽五色，周匝三重，於壇四邊更作一重眷屬，稜伽以白色規界，而於壇中盡散諸花，以四瓶水安壇四角畫蓮花上……爾時行人……於壇西畔，合掌右跪。」不空譯的《儀軌》記載：「（道場）四門安四香爐，四隅安四淨瓶……四角燃四盞酥燈。道場前於唸誦者座前安置閼伽香水兩碗。」尊勝經變中的咒壇比較簡單，與地婆訶羅澤本中所云「以四瓶水安於壇四角畫蓮花上」一句基本相符。紙本尊勝咒壇內容較多，

與不空譯的《儀軌》有一些相同的地方，其中的四菩薩四天王不見記載，疑是據地婆訶羅譯本中所云的「於壇四邊更作一重眷屬」而繪製的。

4. 尊勝經幢小考

敦煌五五、四五四窟二鋪尊勝經變中共繪有五座幢（3 座單層，2座四層），均非石幢。

漢語中的幢有多種解釋，一般指蓋狀織物，如華蓋、車蓋之類。梵語馱縛若，是圓筒形單層或多層織物，「為竿柱高出，以種種之絲帛莊嚴者。藉表麾群生，制魔眾，而於佛前建之。或於幢上置如意寶珠」[15]。幢的作用是「麾群生，制魔眾」，還不能稱之為經幢。直到《尊勝經》譯出後，因經中要求書寫《佛頂尊勝陀羅尼》並「安高幢上，或安高山，或安樓上，乃至安置窣堵波中」，故而把安有佛頂尊勝陀羅尼的幢叫經幢。後來也有書其他密教陀羅尼於幢上的，菩提流支譯《千手千眼觀世音菩薩姥陀羅尼身經》記載：「如法書寫此陀羅尼，系置幢頭，令百由旬，無諸衰患。」

現存石質經幢甚多，而《尊勝經》《千手千眼觀音經》等經只云「書寫此陀羅尼，系置幢頭」，經中所云幢，仍是「為竿柱高出，以種種之絲帛莊嚴」之物。有人認為石經幢是仿華表、仿塔等形狀而作。[16]其實，從一些石經幢頂端有寶珠形像、幢身類似圓筒並分層等情況看，石經幢就是絲織幢的表現，興起的原因有二：一是佛經有據，（劉宋）畺良耶舍譯《觀無量壽經》記載：「金剛七寶金幢……八方八楞具足，一一方面，百寶所成。」這裡就明確提到八方八楞之幢。另外，絲帛做

15　丁福保：《佛學大辭典》，文物出版社 1984 年版，第 1307 頁。

16　閻文儒：《石幢》，《文物》1959 年第 8 期。

的經幢放置室外，風吹日曬易壞，而易之以石。（唐）衛洵《佛頂尊勝陀羅尼經石幢贊並序》記載：「謂貝葉之速朽，不足紀其言；謂卷石之至貞，可以刻其字」。[17]此也為石幢大興的原因之一。石幢興起後，絲織幢並沒有消失，敦煌壁畫中大量繪製，第四五四窟尊勝經變中就有五座，現今西藏地區處處可見絲或布質幢。

　　（原標題《敦煌佛頂尊勝陀羅尼經變考釋》，刊於《敦煌研究》1991 年第 1期）

17　《金石萃編》卷六六，《全唐文》卷七九〇。

孔雀明王經變

　　《孔雀明王經》是一部比較有代表性的雜密佛典，系「五護秘經」之一。[1]義淨譯的《孔雀明王經》所附《須知大例》中提到：「此咒經有大神力，求者皆驗。五天之地、南海十洲及北方土貨羅等二十餘國，無問道俗、大乘小乘，皆共尊敬，讀誦求請，咸蒙福利，交報不虛。」[2]中國、日本也一度流行孔雀明王信仰，所以該經在佛教史上有一定的地位。

　　本文將討論該經的產生、內容及與道教《孔雀明王經》的異同，並考察現存敦煌遺書中的該經寫本、現存敦煌和四川大足的孔雀明王造像等情況，還將探討晚唐以後中國密教發展的若干問題。

1　　其餘四部是：《大隨求陀羅尼》《守護大千國土陀羅尼經》《大寒林陀羅尼經》《大護明大陀羅尼經》。

2　　《大正藏》第 19 冊第 459 頁。不空譯本照錄此文，《大正藏》第 19 冊第 415 頁。

一 基本資料與研究史

1. 經軌的翻譯與注疏

《孔雀明王經》屬雜密佛經，傳人我國的時間較早，今存六部漢譯本：

（1）（南齊）僧伽婆羅譯《孔雀王咒經》二卷；

（2）（唐）義淨譯《佛說大孔雀咒王經》三卷；

（3）（唐）不空譯《佛母大孔雀明王經》三卷。

以上三部為同本異譯。

（4）失譯者名《佛說大金色孔雀王咒經》一卷，此經在高麗本大藏經中題失譯者名，而在元、明本大藏經中題帛屍梨密多羅譯（如元初完成的《磧砂藏》[3]）；

（5）失譯者名《大金色孔雀王咒經》一卷（今附秦錄）；

（6）（姚秦）鳩摩羅什譯《孔雀王咒經》一卷；

呂建福指出「羅什本與所謂失譯（者名）二本原來是一個譯本。」[4]

另外，（隋）費長房《歷代三寶紀》卷七記載（東晉）曇無蘭譯經一百一十部一百一十二卷，其中就有「《孔雀王咒經》一卷」。

儀軌方面，不空譯有《佛說大孔雀明王畫像壇場儀軌》一卷，另外，義淨譯本附有《壇場畫像法式》，此兩《儀軌》內容頗異，唐代日僧圓珍《智證大師請來目錄》中有「《孔雀王壇場法式》一卷，義淨」之記載，此即將義淨譯本中的《壇場畫像法式》單獨出來。

中國有關《孔雀明王經》的注疏似不見，而在日本卻極多，如：《孔雀經音義》《孔雀經開題》《孔雀經並仁王經法》《孔雀明王小供養法》

3　《佛光大辭典》「孔雀王雜神咒經」條。書目文獻出版社 1993 年版，第 1377 頁。

4　呂建福：《中國密教史》，中國社會科學出版社 1995 年版，第 124 頁。

《孔雀明王法》《孔雀經轉讀作法》《孔雀明王經讀誦作法》《孔雀經結願作法》《孔雀經御讀發願》《孔雀經御修法日記》《孔雀經法日記》等等十餘種。[5]顯示日本的《孔雀明王經》信仰是極盛的。

2. 敦煌的《孔雀明王經》寫本

敦煌遺書中只發現三件《孔雀明王經》寫本：

（1）BD14132（《敦煌劫餘錄續編》第 332 號，《敦煌遺書總目索引》之散 120 號），共五紙，首題「《佛說大孔雀明王咒經》卷中」，止於「有四藥叉大將住在東面，擁護東方所有眾生，令離憂（下缺）」，為義淨譯本。

（2）大谷大學藏本，《敦煌遺書總目索引》之散 726 號，首缺尾全，共九紙，始「尖火神龍王七里」，係鳩摩羅什譯本。[6]

（3）P.2368，共存九行，始「羅娑大仙」、止於「帝釋大仙、歲星大仙」，《敦煌遺書總目索引》誤定為「殘道經一小段」，後黃永武考證為不空譯的《孔雀明王經》。[7]

3. 參考文獻

《孔雀明王經》除了有多部漢譯本外，還有梵文、西夏文、藏文、日文等版本存世。我們可以從日本學者井口泰淳編的《梵文佛典寫本聚英》中見到它的十一世紀貝葉本（法藏館，1990 年版）。日本田久保周譽編有《梵文孔雀明王經》（山喜房佛書林 1972 年版）。日本岩本裕《密教經典》（《佛教聖典選》第 7 卷）一書中收有該經的日文本及日本

5　日本《佛書解說大辭典》第 2 冊，第 326 – 328 頁。

6　原件部分照片見野上俊靜編《大谷大學所藏敦煌寫經》（續集）第 19 圖，大谷大學東洋學研究室印行，1972 年，第 53 頁。起迄見王三慶《日本所見敦煌寫卷目錄提要》（一），（臺灣）《敦煌學》第 15 輯，1989 年，第 106 頁。

7　黃永武：〈敦煌遺書最新目錄〉，新文豐出版公司 1986 年版，第 654 頁。

高野山藏孔雀明王塑像（讀賣新聞社 1975 年版）。

西夏文本藏於中國國家圖書館，見周叔迦《北平圖書館藏西夏文佛經小記》（載《周叔迦佛學論著集》下冊，中華書局 1991 年版，第 736 頁）。西夏文本研究論文有王靜如《佛母大孔雀明王經夏梵藏漢校釋》（《西夏研究》第一輯，「中央」研究院歷史語言研究所出版，1930 年）。王靜如《佛母大孔雀明王經龍王大仙眾生主名號夏梵藏漢合璧校釋》（「中央」研究院編《慶祝蔡元培先生六十五歲論文集》下冊，1935 年）。

在黑水城出土的西夏文佛典中，也有《孔雀明王經》寫本，見戈爾巴切娃（Z. L Gorbachove）、克恰諾夫（E. L Kychanov）編的《西夏文寫本和刊本（Tangutskiye rukopisi i ksilografii）》（轉引自榮新江《俄藏敦煌西域文獻紀略》，《學術集林》第四卷，上海遠東出版社一九九五年九月，第 270 頁）。

中國學者對孔雀明王像研究論文似未見，日本學者對孔雀明王圖像有較多的調查、研究，如：

丸尾《松尾孔雀明王圖考》，《國華》第三七九號，一九二一年。神田登《和泉松尾寺孔雀明王曼荼羅圖考》，《佛教藝術》第一一四號，一九七七年。按：神田登的論文沒有提到丸尾的研究成果，大約他沒有見到丸尾論文。

佐和隆研《醍醐寺國寶粉本孔雀明王像考》，《寶雲》第十五號，一九三五年。

渡邊一《孔雀明王像考》，（日本）《美術研究》第五十三號，一九三六年。

柳澤孝《異色孔雀明王像》，（日本）《美術研究》第三二二號，一九八二年。

大塚伸夫《早期的密教形態》，《大正大學研究紀要》第八十九輯，二〇〇四年。

大塚伸夫《〈孔雀經〉密教的形成》，《多天孝正博士古稀記念論集：佛教と文化》，（東京）山喜房佛書林，二〇〇八年。

增記隆介《孔雀明王像》，《國華》一三二九號，二〇〇六年七月。

橋村愛子《敦煌莫高窟與安西榆林窟的孔雀明王考》，《美學美術史研究論集》第二十五號，二〇一一年。

筆者未對印度、尼泊爾等地的孔雀明王像進行調查，蓋蒂《北傳佛教諸神》一書中曾有敘及，但所敘圖像頗令人疑惑，由於該書沒有注明所述圖像的出處，無法一一核實。[8]又，麥文森《北傳佛教藝術神咒圖像的印度源流》一文也論及尼泊爾、西藏等地的孔雀明王像，可參閱。[9]

二　《孔雀明王經》的產生

《孔雀明王經》的產生與孔雀的形貌美麗華貴、古代印度咒法盛行有關，也許還與《孔雀明王本生》故事有些連繫。

孔雀因形貌端莊、羽具七彩而被公認為瑞禽，深受人們喜愛，現今印度視其為國鳥。[10]中國原本不產孔雀，有關孔雀傳入及流傳情況，

8　Alice Getty, *The Gods of Northern Buddhism,* Oxford at the clarendon Press, 1928.

9　Gerd J.R.Mevissen, The Indian Connection: Images of Deified Spells in the Arts of Northern Buddhism, *Silk Road Art and Archaeology*, Vol. 1, Journal of the Institute of Silk Road Studies, *Part I*, Kamakura, Japan, 1990, pp.227-246.

10　此據印度駐華大使館編《今日印度》第 16 期封三，1995 年 7 月。

美國漢學家謝弗在《唐代的外來文明》一書中有生動的敘述。[11]在畫壇上孔雀也是常見的題材，如唐代邊鸞就是以畫孔雀而知名的。《宣和畫譜》卷一五「邊鸞」條載：「邊鸞，長安人，以丹青馳譽於時，尤長於花鳥，得動植生意。德宗時，有新羅國進孔雀，善舞，召邊鸞寫之。鸞於貴飾彩翠之外，得婆娑之態度，若應節奏。」「今御府所藏三十有三：躑躅孔雀圖一……孔雀圖一……金盆孔雀一……芭蕉孔雀圖二……牡丹孔雀圖一。」真是千姿百態，栩栩如生。敦煌壁畫中的許多裝飾圖案內有孔雀形像，如莫高窟北周第四二八窟人字披圖案中繪有八隻各具神態的孔雀。

孔雀也為佛教所重，有《孔雀王本生》《孔雀經》《孔雀明王經》等以孔雀為主角的經典，更有許多經中常提到孔雀之名。（西晉）竺法護譯的《生經》中有一部《孔雀經》，云有一人持烏鴉至波遮梨國，因該國人們從未見過烏鴉，遂將烏鴉視作奇珍之禽。後來又有一人持孔雀來至該國，「時眾人見微妙殊好，羽翼殊特，行步和雅，所未曾有，眾人共睹，聽其音聲，心懷踴躍，又加於前千億萬倍，皆棄於烏，不復供事。烏無威曜，忽然無色，如日之出，燭火不現……佛告諸比丘：『欲知爾時孔雀者，我身是也；烏者，諸外異學也』」。另一則孔雀王本生故事我們將在後文論及。（姚秦）鳩摩羅什譯《阿彌陀經》形容西方淨土時説：「彼國常有種種奇妙雜色之鳥，白鶴、孔雀、鸚鵡、舍利、迦陵頻伽、共命之鳥。是諸眾鳥晝夜六時出和雅音，其音演暢五根、五力、七菩提分、八聖道分如是等法。」

密教中有孔雀之座，為鳩摩羅天、阿彌陀佛之座。鳩摩羅什譯《大

11　Schafer, E.H, *The Golden Peaches of Samarkand, A Study of Tang Exotics*. 此據吳玉貴的漢譯本（譯名《唐代的外來文明》），北京：中國社會科學出版社 1995 年版，第 219–222 頁。

智度論》卷二記載：「鳩摩羅天，秦言童子。是天擎雞、持鈴、捉赤幡，騎孔雀。」在克孜爾第一七八窟、莫高窟西魏第二八五窟、雲岡第八窟以及美國弗利爾美術館（Freer Gallery of Fine Arts，Washington）兩件盧舍那像中，都繪刻有騎孔雀的鳩摩羅天。[12]在敦煌、大足千手千眼觀音像中，也有一騎孔雀的眷屬，榜題「孔雀王」，或以為是孔雀明王，非，應是鳩摩羅天。斯坦因從敦煌劫走的 S.P.35 千手千眼觀音像中，鳩摩羅天三面四臂，左上手持葡萄、下手持鈴，右上手持幡、下手胸前掌雞，坐騎孔雀的頸下題「孔雀王」。密教中的阿彌陀佛一般以孔雀為坐騎，不空譯《攝無礙大悲心大陀羅尼經儀軌》記載：「身相赤金色，結三摩地印。目開視下相，丹光袈裟衣。安住大月輪、入定拔苦體。紫磨金色光，孔雀以為座。」不空認為「諸世間以孔雀鳥而為瑞禽，此禽麗狀，具種種色，復有明慧，善應時宜，轉法輪王以之為座，表以轉大法輪，不非器」[13]。莫高窟元代第四六五窟窟頂金剛界五佛中，西披阿彌陀佛正是孔雀座（東披象座阿閦佛、南披迦樓羅座寶生佛、北披馬座不空成就佛、藻井獅子座大日如來，各座只是象徵性地畫有兩隻動物於座旁，非坐騎）。

　　《孔雀明王經》的主要內容是（據不空譯本），比丘莎底一日為大黑蛇所咬，「毒氣遍身，悶絕於地，口中吐沫，兩目翻上。」阿難聞知，向佛求救，「佛告阿難陀：『我有摩訶摩瑜利佛母明王大陀羅尼，有大威力，能滅一切諸毒、怖畏、災惱，攝受、覆育一切有情，獲得

12　參賀世哲《敦煌莫高窟第 285 窟西壁內容考釋》，敦煌研究院編：《1987 年敦煌石窟國際討論會文集・石窟考古編》，遼寧美術出版社 1990 年版，第 366–368 頁。林保堯：《法華造像研究》，藝術家出版社 1993 年版，第 55-58 圖。

13　《金剛頂經大瑜伽祕密心地法門義訣》卷上，《續藏經》第 37 冊，新文豐出版公司 1983 年版，第 328 頁。

安樂』」。「爾時具壽阿難陀聞佛世尊説是經已，頂禮雙足，右繞三匝，承佛聖旨，往莎底苾所，便以此佛母大孔雀明王法為彼苾而作救護，結其地界，結方隅界，攝受饒益，除去苦惱……苦毒消散，身得安隱。」在經中，佛還向阿難講述了一個本生故事：「佛告阿難陀：『往昔之時雪山南面有金曜孔雀王於彼而住，每於晨朝常讀誦《佛母大孔雀明王陀羅尼》，晝必安穩；暮時讀誦，夜必安穩。」「彼金曜孔雀王忽於一時忘誦此《佛母大孔雀明王陀羅尼》，遂於眾多孔雀彩女從林至林、從山至山，而為遊戲。」為獵人捕獲，再誦唸《佛母大孔雀明王陀羅尼》而獲解脱。「佛告阿難陀：『往昔金曜孔雀王者，豈異人乎？即我身是。』」孔雀乃毒蛇之天敵，《賢愚經》卷九「善事太子入海品」云：「（善事太子）見諸耕者，墾地蟲出，蛤蟆拾吞。復見有蛇，吞食蛤蟆。孔雀飛來，啄食其蛇。」

《孔雀明王經》與其他一些雜密佛典一樣，產生於一個特定的歷史時期。對雜密的產生，論者甚多，茲不引述。[14]至於《孔雀明王經》的起源，似可追溯到小乘時代。《孔雀王本生》（《六度集經》卷三此故事又見同譯者的《舊雜譬喻經》卷上）云：昔釋迦牟尼為孔雀王，為獵師捕獲，即以獻王，以治王夫人之疾。「孔雀曰：『大王懷仁，潤無不周，願納微言，乞得少水，吾以慈咒，服之，疾皆愈。』」後又咒大湖之水，「國人飲水，聾聽盲視，喑語傴伸，眾疾皆然。」這與《孔雀明王經》以咒治諸疾有些相似。更接近《孔雀明王經》的是求那跋陀羅譯的《雜阿含經》卷九第二五二經，該經云優波先那比丘為毒蛇所害死，佛得知後，告訴舍利弗：有一「咒術章句……蛇毒不能中其身。」

---

14 論述較詳的有大村西崖《密教發達志》，武陵出版有限公司 1993 年版；呂建福：《中國密教史》，中國社會科學出版社 1995 年版。

　　《孔雀王本生》與《孔雀明王經》所述孔雀王故事中，均為孔雀王為獵人捕獲，終因持咒而轉危為安。《孔雀明王經》云《孔雀明王陀羅尼》「能滅一切諸毒、怖畏、災惱」，《孔雀王本生》中，孔雀王所念之咒（無具體咒名）能使「眾疾皆愈」。也許《孔雀明王經》是從《孔雀王本生》中發展而來的。

　　對於雜密的功能，（元）念常《佛祖歷代通載》卷一三評價説：「殆自東晉屍利密已降，宣譯祕咒。要其大歸，不過祀鬼神、驅邪妄，為人禳災釋患而已。」日僧宗睿《新書寫請來法門等目錄》中，對般若譯的有二十五紙之多的《迦樓羅王雜密言經》只用「除毒、療病」四字概括，言簡意賅，《孔雀明王經》也不例外。

三　關於道教《孔雀明王經》

　　有趣的是，道教中有一部《孔雀明王經》，共三卷，全稱是《太上元始天尊説寶月光皇后聖母天尊孔雀明王經》，它是從佛教的《孔雀明王經》中發展而來的。

　　道教《孔雀明王經》云：「彌羅內境，圓相開明。瑞氣煊先天之祖母，慈光示釋教之宗師。駕孔雀之靈現，乘鸞鳳之顯應。」「昔於龍漢四年七月十五日，地官較會……忽有一天母，駕孔雀而來，此乃佛中即孔雀如來，道中乃是寶月光皇后。玉皇聖母統集《孔雀經》中諸大善神，俱來參聽法音，皈依大道，重演《道德》《孔雀》靈文，願向道中，能與世間眾生解除厄難。」也就是説，道教的孔雀明王就是佛教的孔雀明王，均騎孔雀。

　　兩經作用也相同，道教《孔雀明王經》云：「《孔雀明王》一部經，能令護國救凡民。談演靈文消厄難，廣開方便度眾生。」「皈命孔雀大

慈尊，皈命天王諸聖真。消災延壽降吉祥，人間天上演靈文。」「誓願救度，慈濟無邊，眾生有難若稱名，普護無窮而拯救，救護群品，皈依莫盡。大悲大願、大聖大慈、釋天教主、孔雀明王、大天尊、聖母元君。」具體而言，「此經功德，不可思議：此經能解鐵圍；此經能救患病；此經能離惡人；此經能除一切惡魔；此經能解咒詛惡業；此經能辟一切邪道；此經能禳一切水火災難；此經能破諸大地獄；此經能護國土一切刀兵；此經能滅蟲蝗，保護善人」。

道教中，有若干經典與佛教經典同名，其內容也有相同者，道教《孔雀明王經》中就夾雜了許多佛教術語，並且還有咒語。有學者曾將佛、道教《法華經》作了比較，發現道教的《法華經》之「諸仙大道品」與佛教的《法華經》之「提婆達多品」非常相似。特別是道教《法華經》卷八「天地物像品第十五」與敦煌寫本 S.1298 疑偽經《法華經》「度量天地品第二十九」相比，除了佛、菩薩變為天尊、真人之外，其餘文字幾乎完全相同。佛教《法華經》「度量天地品」本偽偽作，而道教《法華經》「天地物像品則是偽中之偽」[15]。這部道經是反映道、佛二教相互關係複雜性的極好資料。佛、道教的《孔雀明王經》同樣顯示了二教的融合。

直到清代，孔雀明王在民間仍享有一定地位，如：清代有一部《孔雀明王寶卷》，又稱《康熙寶卷》，此寶卷中稱康熙為孔雀明王，如「（康熙）正坐著不由得心中發悶，那崖灣睡著了孔雀明王。」「老龍王說：『吾奉玉帝敕旨，要救孔雀明王平安過山。』」[16]

又如明代刻楊諤著《天地冥陽水陸雜文》中有「修設大會：孔雀

15 福井文雅：《道教和佛教》，載福井康順等編《道教》第 2 卷，平和出版社 1982 年版。此據漢譯本，上海古籍出版社 1992 年版，第 83–84 頁。

16 《酒泉寶卷》上冊，甘肅人民出版社 1991 年版，第 106、138 頁。

所」一節，全文如下：

　　蓋聞《孔雀明王經》者，乃致福消災之要法也。實五天之梵語，是諸佛之秘言。八金剛永鎮壇場，四天王常擁護。外現降魔之相，內隱調御之心。昔日莎底蛇傷，故演難思密語。若持若誦，能令國界安寧；或演或談，善使群眾快樂。求富貴當招富貴，祈延年定得延年。痊病患以安康，懺冤怨而解脫。六神禁忌，聽聞而合掌歸依；八煞妨沖，視瞻而低頭禮敬。邪魔腦裂，鬼魅魂驚。四百四病盡潛消，萬善萬祥而慶集。薦亡歿速生蓮界，保生存永福昌隆。感應多方，贊莫能盡者矣。故榜。

四　敦煌、大足的孔雀明王像

1. 經軌所載孔雀明王像

　　孔雀明王形像，見於義淨譯本所附《壇場畫像法式》和不空單譯出的《佛說大孔雀明王畫像壇場儀軌》。義淨《壇場畫像法式》云其著白色裙帔，「於蓮花上立，或於金座上立」，身有四臂，「右邊一手持柚子、一手執蓮花，左邊一手持吉祥果、一手執孔雀尾三莖。」不空《孔雀明王畫像壇場儀軌》記載：「於內院中心畫八葉蓮花，於蓮花上畫佛母大孔雀明王，菩薩頭向東方，白色，著白繒輕衣。頭冠、瓔珞、耳鐺、臂釧種種莊嚴。乘金色孔雀王，結跏趺坐白蓮花上或青綠花上，住慈悲相。有四臂：右邊第一手執開放蓮花、第二手持俱緣果，左邊第一手當心掌吉祥果、第二手執三五莖孔雀尾。」周圍有佛、菩薩、弟子、天王諸神。

2. 畫史所載孔雀明王像

據《宣和畫譜》記載，初唐畫家閻立本繪有孔雀明王像，如此說可靠，大約是見於畫史的最早一鋪孔雀明王像了。但由於閻立本卒於六七三年，而義淨於八世紀初才譯出《孔雀明王經》、不空七二〇年才入華，所以此孔雀明王像不可能據義淨或不空譯的《儀軌》繪製。筆者認為，在密教和密教繪畫還不發達、記載孔雀明王形像的儀軌尚未譯出的背景下，閻立本繪有孔雀明王像一事是值得懷疑的。

密教發達之後，許多著名畫家繪過孔雀明王像，如吳道子、盧楞伽、翟琰、姚思元、杜倪、曹仲元（《宣和畫譜》卷二、卷三）、王維（《南宋館閣續錄》卷三）等。當然，寺院壁畫中少不了孔雀明王像，如《益州名畫錄》卷上「張南本」條記載：「張南本者，不知何許人也，中和年（881–885）寓止蜀城，攻畫佛像人物，龍王神鬼……大聖慈寺……興善院大悲菩薩、八明王、孔雀王變相，並南本筆。」宋代范成大（1126–1193）《成都古寺名筆記》云大聖慈寺「興善院殿內泗洲大聖一堵，常粲筆。八明王，張南本筆。」[17] 未載孔雀明王像，這有兩種可能：一是因記載簡略而未錄，二是毀失不存。

上述唐代孔雀明王像均已不存，而在敦煌壁畫、大足石刻、日本寺院中還保存著為數可觀的孔雀明王像（日本的孔雀明王像多有刊布與研究，見前列參考文獻）。

3. 敦煌的孔雀明王像

敦煌地區的孔雀明王像出現較晚，現存五代、宋時的孔雀明王像共八鋪，其中五代有三鋪（莫高窟 205、208 窟、榆林窟第 33 窟）、宋代有五鋪（莫高窟 133、165、169、431、456 窟）。敦煌孔雀明王像的分布十分有規律，除一鋪繪於甬道南壁（第 133 窟）外，餘均繪於甬道

17　《全蜀藝文志》卷 42。

頂，由於位於甬道頂和甬道南壁，不便拍攝照片，所以至今未予公布，故在此作一簡述。

　　第二〇五窟的孔雀明王像無疑是最重要的，畫面完整清楚，色澤新豔，眷屬較多，是現存八鋪孔雀明王像的代表作，並且它的繪製年代也頗有意義（我們將在後文討論）。孔雀立於蓮花上，無水池。主尊一面四臂化佛冠，結跏趺坐，左手一胸前執一支孔雀尾、一持蓮花，右手一胸前持蓮花、一托果實（俱緣果或吉祥果）。上方兩側各有一飛天、孔雀下方兩側各有一身跪著的供養菩薩。主尊兩側各有三身結跏趺坐的供養菩薩，其中右上方供養菩薩左手托摩尼寶珠、右手持寶幢；左下方供養菩薩三面六臂，化佛冠，胸前二手相握，左上手執蓮、下手自然伸展，不持物，右上手持鐸、另一手持物不明；其餘四身供養菩薩均不持物。（圖1）

▲　圖1　二〇五窟孔雀明王

　　第二〇八窟的孔雀明王一面四臂，化佛冠，上方兩角各有一飛天，下方兩角各有一供養菩薩。孔雀立於水池中（無蓮花），主尊結跏趺坐，左手一胸前持一支孔雀尾、另一手持物不明（據儀軌，應為吉祥果），右手一胸前持蓮花、一托果實（據儀軌，應是俱緣果），此孔雀明王像與儀軌所述較為一致。

　　榆林窟第三三窟甬道頂壁畫毀失大半，孔雀立於池中蓮花上，主尊像幾乎全毀，僅見一右手（不持物），左側存下方一身供養菩薩，捧供盤跪於蓮上，餘供養菩薩毀；右側三身供養菩薩保存完好，自上而下是：一合掌、一雙手揚掌作手印、一捧供盤，均為跪姿。本文作者依據畫面中央池中孔雀等內容將其判定為孔雀明王像。

　　以上三鋪屬五代。

　　第一三三窟的孔雀明王像繪於甬道南壁，甬道北壁繪迦樓羅王（模糊，可見菩薩的坐騎為鳥，也許是孔雀明王）。畫面不太清楚，可辨認出孔雀立於蓮花上（似無水池），主尊戴寶冠（不是化佛冠），可見兩臂（也許只有兩臂），下方兩角各有一眷屬（分不清是供養菩薩還是飛天，參第一六九窟，可能是童子）從上方乘雲降下。

　　第一六五窟的孔雀明王無眷屬，下方有一供桌，中間是摩尼寶珠，兩側各一淨瓶。孔雀下方無水池、蓮花。畫面上部毀失僅可見孔雀明王一右手，持物不明（似持一

▲ 圖 2　四三一窟孔雀明王

植物，或即孔雀羽毛）。

　　第一六九窟的孔雀明王像保存完整，孔雀立於蓮上，無水池。主尊一面兩臂，化佛冠，結跏趺坐，左手持一支孔雀尾，右手持物不明，兩側下方各有一童子從空乘雲而下，持蓮莖供養。兩臂的孔雀明王像較少見，敦煌僅此一例可以確定為兩臂。

　　第四三一窟的孔雀明王像比較奇特，孔雀立於池中蓮花上，主尊一面六臂化佛冠，遊戲坐式。左手自上而下：持蓮、捉弓、撫膝；右手自上而下：獨股杵、果實，胸前一手不明。上方兩角各有一飛天、下方兩角各有一合十供養菩薩（圖2）。此孔雀明王手臂數目、持物均不同於儀軌記載。此窟原建於北魏，前室窟簷上有太平興國五年（980）重修的題記，孔雀明王像即繪於重修之時。

　　第四五六窟的孔雀明王像中，孔雀立於池中蓮上，主尊也為六臂，一左手捉弓、一右手持果實，餘臂持物不明，無眷屬，畫面上方有殘損。從手臂數目、持物情況看，與第四三一窟的孔雀明王像有些相同，當出於同一粉本。

　　以上五鋪屬宋代。

　　敦煌壁畫上有不少西夏、元代時期的密教圖像，但沒有孔雀明王像。

　　總之，敦煌孔雀明王像的內容、畫面都比較簡單，一般為：

　　（1）主尊孔雀明王為菩薩形像，坐在立於水池蓮花中的孔雀身上；

　　（2）兩旁有若干眷屬，大部分為供養菩薩，還有飛天和少數其他眷屬，儀軌中的天王、佛等眷屬均未出現；

　　（3）手有四臂還有六臂、二臂之異例，持物也與儀軌不完全一致。相比之下，日本寺院中的孔雀明王像是較嚴格依據儀軌製作的，

特別是四臂及持物，但大部分無眷屬系單尊像。

4. 大足石刻中的孔雀明王像

大足石刻中的孔雀明王像是十分有特色的，作為與敦煌孔雀明王像的比較和便於下文的討論，在此擬作一概述。

大足石刻中的孔雀明王像均集中在宋代，數量可觀，並且是單獨開窟供養，主尊高大。計有：北山第一五五窟（圖 3）、寶頂山大佛灣第十三窟、石門山第八窟、玉灘第二窟、七拱橋第四窟以及今安岳縣雙龍鄉的孔雀洞，共六鋪。我們注意到，每處石窟只有一個孔雀明王窟，顯示有孔雀明王壇場的可能，我們將在後面作進一步討論。

北山第一五五窟主尊位於窟內正中，孔雀尾直達窟頂，四周可繞行，類中心柱結構。孔雀明王一面四臂結跏趺坐（其他幾尊孔雀明王均相同），左手上持杵（？）、下手胸前持麈尾，右手上托寶珠、下手胸前持孔雀尾。東、南、北壁刻滿千佛，共一千零六十六身。主尊基座上刻「丙午歲伏元俊、男世能鐫此一身」。據考證，此「丙午歲」為一一二六年。這是大足石刻中唯一有具體雕刻時間及刻工姓名的孔雀明王像，十分珍貴。[18]

寶頂山大佛灣第十三窟坐北向南，主尊戴七佛冠，坐騎孔雀的尾部與北壁相連。孔雀明王左手一持孔雀尾、一托吉祥果（果實已失，僅存果盤），右手一當胸持蓮花、一托俱緣果。內容甚多，刻有榜題的有：（1）主尊東側有二神像，題刻「藥叉」兩字；（2）東壁一蛇附於樹幹，莎底比丘匍匐在阿難面前，題刻「大藏經云：有一必芻，名曰

18　劉長久等編：《大足石刻內容總錄》，四川社會科學院出版社 1985 年版，第 68 頁。黎方銀：《大足石窟藝術》「雕刻家題名」部分，重慶出版社 1994 年版，第 278–279 頁。圖見《中國美術全集・雕塑編 12・四川石窟雕塑》第 146 圖，人民美術出版社 1988 年版。

莎底，出家未久（下殘）」，據此可知該內容出於不空譯本；（3）、北壁西側上方一神舉旗，旗上刻「天勝修羅」四字。還有許多內容有待考證，從已知內容上看，是根據不空譯經及譯儀軌製作，這是大足石刻中唯一存有榜題的孔雀明王經變。遺憾的是，還有一些神無法定名。[19]

石門山第八窟坐北向南，主尊四臂：左手上舉經莢，下持孔雀尾（？），右手上舉俱緣果（？），下持蓮於胸前。

▲　圖 3　大足北山第一五五窟孔雀明王

北壁下方刻一樹，莎底比丘匍伏在地，一斧頭從上而降。東壁刻帝釋天大戰阿修羅等場面。東、西、北壁上層共刻十八羅漢。該窟還有許多內容有待考證。

玉灘第二窟的孔雀明王僅有兩臂，左手持物不明，右手撫膝。莎底比丘「執斧立於枯樹旁，作砍柴狀」。另有神將六身。[20]

七拱橋第四窟的孔雀明王像已毀。

安岳縣雙龍鄉鄰近大足縣，孔雀洞坐西向東，孔雀明王的坐騎與西壁相連。孔雀明王戴化佛冠，四臂，左手一胸前執蓮、一托果盤（上有果實多

19　《大足石刻內容總錄》第 193 頁作「左上手握羽扇，左下手捧經頁；右上手持蓮苞，右下手捧蟠桃。」筆者根據不空譯《孔雀明王經儀軌》和自已考察所見而重新定名。

20　劉長久等編：《大足石刻內容總錄》，四川社會科學院出版社 1985 年版，第 366 頁。

枚，俱緣果？）；右手一不明（掌毀）、一托果實（吉祥果？）。南壁刻帝釋天大
戰阿修羅，顯示了與大足石門山孔雀明王像的某些類似。主尊兩側各繪一
赴會圖（東側 6 人一組、西側 4 人一組）、一天王。

五 從孔雀明王像的流行看五代、宋時期中國密教的發展

1. 《孔雀明王經》在中原的流傳

　　《孔雀明王經》中有艱澀的咒語、複雜的壇場結構等供養形式，並
曾流行於中原。《宋高僧傳》卷一「不空傳」記載：天寶五年（746），
「終夏愆陽，詔令祈雨，制曰：『時不得賒，雨不得暴。』」（不）空奏立
孔雀王壇，未盡三日，雨已浹洽，帝大悅。」《孔雀明王經》與祈雨的
關係，我們還可以從阿地瞿多譯的《陀羅尼集經》卷一一「祈雨壇法」
中看到，經云：「轉《大雲經》《孔雀王經》《大雲輪經》，六時繞壇行
道禮拜，助祈雨人。若能如是作法乞雨，三日得雨。若不得者，一七
日內必得大雨。」據《宋高僧傳》卷二三「道舟傳」，唐末、五代之際，
道舟出家於靈武龍興寺的孔雀王院，此龍興寺是當時著名的密教寺
院，有關資料頗為豐富，甚至敦煌文獻中也有為數可觀的資料，如 S.
0276《靈州龍興寺白草院史和尚因緣記》等。從名稱上看，孔雀王院
大約設有孔雀明王壇場。《宋高僧傳》卷二五「道賢傳」載，五代時，
中原的道賢「持諷《孔雀王經》以為日計，末則受瑜伽灌頂法，持明
之功愈多征應」。有關道賢的密法，後文還將論及。

　　很遺憾，我們不知道古代敦煌是否流行唸誦《孔雀明王陀羅尼》、
結孔雀王壇祈雨諸事。

2. 論敦煌、大足的孔雀明王信仰

　　在敦煌壁畫上，其他密教圖像出現較早，如十一面觀音出現在初

唐，千手千眼觀音、如意輪觀音、不空羂索觀音出現在盛唐（第285窟西壁的密教圖像因非單尊像，屬於雜密或印度教神，在此不論）。為什麼孔雀明王像卻在五代突然出現？在四川眾多石窟中，為什麼唯獨大足一帶出現孔雀明王像，而他處未見？為什麼日本有許多《孔雀明王經》的注疏與孔雀明王像？由此啟發我們去探討這些現象的背景。

在四川，有石窟的縣五十六個，占全省的三分之一，窟龕在十個以上的文物點約三百處。[21]而孔雀明王像僅見於大足石刻及鄰近的安岳石刻中，由於這一帶正是柳本尊、趙智鳳一系密教的流傳區域，這就啟發我們考慮兩者是否有些連繫。

柳本尊活動在唐末、五代時期，據祖覺《柳本尊傳碑》，他的生卒年為八五九至九四二年；而劉畋人《重修寶頂山壽聖寺碑》只云柳本尊生於大中九年（855），未提及卒年，若按《柳本尊傳碑》所云享年八十四歲，則其生卒年為八五五至九三八年。兩碑所記大致相近。今人或曰《柳本尊傳碑》中「天福七年卒」乃係「天復七年（907）卒」之誤。[22]但筆者認為：（1）、寶頂山大佛灣第二一窟《柳本尊十煉圖》中，窟頂刻有「唐瑜伽部主總持王」，此「唐」何指？（2）、《重修寶頂山壽聖寺碑》中有「明宗賜其院額曰『大輪』」句，此「明宗」無疑是指後唐明宗，是碑將柳本尊與後唐連繫起來；（3）、《柳本尊傳碑》云柳本尊天復元年（901）有門人數十人。而對天福年間的活動記載甚詳，幾占全部履歷的三分之一，如果「天福」是「天復」之誤，柳本尊勢力、地位驟增似不好理解。所以筆者同意柳本尊卒於天福七年之說。[23]如果此說不誤，則後唐佛教影響了大足與敦煌。

21　胡文和：四川道教佛教石窟藝術》，四川人民出版社1994年版，第1頁。

22　黎方銀：《大足石窟藝術》，重慶出版社1990年版，第58頁。

23　陳明光《宋刻柜唐柳本傳 碑校補》、郭相穎《略談寶頂山摩岩造像是完備而有特色的密宗道場》等論文均贊同柳本尊卒於九四二年之說，大足石刻藝術博物館、大足縣文物保管所編：《大足石刻研究文集》，重慶出版社1993年版，第75、165頁。

　　後唐佛教的一大特點是密教發達。日僧成尋《參天臺五臺山記》卷六「延久五年二月十五日」條載:「三藏令送見藏本《諸教壇圖》一卷,披見《金剛界諸尊別壇圖》也⋯⋯長興三年四月內於洛京敬愛寺內寫得畢,日本國持念弘順大師賜紫寬補記之。」「寬補是朱雀院御時與寬建、超會等十一人來唐國人也。瑜伽大教大興大唐,從寬補受灌頂人卅餘人云。」《宋高僧傳》卷二三「志通傳」云:「後唐之季,兵革相尋,自此駕已東巡,薄遊洛下,遇縛日羅三藏行瑜伽教法,通禮事之。」又,《宋高僧傳》卷二五「道賢傳」記載:「釋道賢,不知何許人也。持諷《孔雀王經》以為日計,末則受瑜伽灌頂法,持明之功愈多徵應⋯⋯長興末,明宗晏駕,立從厚為帝,鳳翔清泰不恭其命。遣王思同帥師伐之,清泰乃嬰城自守,清泰問賢曰:『危甚矣!如何?』⋯⋯清泰乃擁兵而東,召賢俱行。入洛,即帝位賤,改元曰『清泰』,賢奏曰:年號不佳⋯⋯。」道賢在皇帝左右,相當於「國師」身分,當時「隴坻道俗皆稟承密藏,號『阿闍梨』」,道賢弟子也當不少。至宋初贊寧時,「今兩京傳大教者,皆法孫之曾玄矣」。《宋高僧傳》編成於九八八年,距道賢卒年(約 936 年)不遠,在宋初,贊寧是右街副僧錄,他對當時佛教是相當了解的,而且對密教有很高造詣,贊寧所記道賢弟子在兩京傳瑜伽大教、道賢密法有很大勢力之說是可信的。[24]

　　柳本尊與道賢基本同時代,並且各有傳人。從柳本尊事跡看,當時「稟承密藏」的不僅是「隴坻道俗」,而且還有「川蜀道俗」。兩人的佛事活動影響了當時及以後的中國佛教。遺憾的是,僧史上對道賢活動記載甚少,而對柳本尊的活動竟無隻字留下,贊寧在《宋高僧傳》

24　賴富本宏:《中國密教研究》,該書 113–194 頁即是贊寧密教的研究,大東出版社 1979 年版。

卷一八記載：「大宋文軌既同，土疆斯廣，日有奇異，良難遍知，縱有某僧也，其奈史氏未編，傳家無據，故亦缺如，弗及錄者，留俟後賢者也。」又在「後序」中嘆道「知我者以《僧傳》，罪我者亦以《僧傳》。」二十世紀三十年代，密教第五十一代灌頂傳法阿闍黎密林云：「中國密教……遭唐末會昌之亂，於是儀軌喪失殆盡，亦不敢公然設立道場。」[25]這是很有代表性的看法，但道賢、柳本尊的密法與道場顯示中國密教在會昌之亂後仍然存在，並仍保持了一定的規模。

我們還不能肯定道賢「末則受瑜伽灌頂法」是否與日僧寬補後唐來華，「大唐從寬補受灌頂卅餘人」有關。但我們已知後唐密教發達。柳本尊有「唐瑜伽部主總持王」之稱，前面曾論及此「唐」為後唐，《柳本尊傳碑》對柳本尊晚年活動記載甚詳，是否與後唐中原密教興盛有關呢？

由於「密教行軌浩如淵海，然其面授口傳之訣未載於翰墨者，非至以心傳心時，絕不吐露人前也」[26]。我們注意到，柳本尊也是在臨終前才囑託楊直京、袁承貴「總持祕密」的，趙智鳳的密法是柳本尊密法的同缽相傳。大足石刻中大量以孔雀明王為主尊的洞窟顯示了柳本尊、趙智鳳一派密法對《孔雀明王經》的重視，這也許與道賢「持諷《孔雀王經》以為日計」有關。九二五年，後唐滅前蜀，當時柳本尊有一定勢力，大約後唐對他有所封賜，道賢等人在中原的傳教影響了柳本尊的密法。後蜀由後唐西川節度使孟知祥所建，對柳本尊的地位影響不大，這從後晉天福年間柳本尊密法大盛中可得知一二。由於資料缺乏，試作上述推測。

25　《密教通關》「宗派源流」，大千出版社 2005 年版，第 155 頁。

26　《密教通關》「宗派源流」，大千出版社 2005 年版，第 145 頁。

　　我們可以肯定，後唐佛教影響了敦煌。筆者在《敦煌寫本〈水月觀音經〉研究》一文中，曾注意到後唐時期密教發達的信息，即：P.2197 共有十種啟請，字體一致，是同時抄寫的。第一種《大降魔穢積金剛聖者啟請》尾題「洛京新樣」，把洛陽當作京城的，只能是後唐（923–936 年）；既然稱「新樣」，只能產生於後唐或稍前。[27]敦煌在後唐時期與中原交往密切，資料較豐富，如：S.0373 為《李存勗詩五首》、S.0529 為《同光二年（924）定州開元寺僧歸文牒》、P.3808 為《長興四年（933）中興殿應聖節講經文》，莫高窟第二二〇窟有同光三年翟奉達畫新樣文殊的發願文，《舊五代史》載長興二年（931）唐明宗封曹議金為節度使中書令等等。

　　莫高窟第二〇五窟甬道與前室為五代重繪，從甬道南北壁繪曹議金、回鶻夫人供養像看，重繪時間在曹議金任歸義軍節度使時期（914–935 年）。第二〇五窟下方有曹議金夫婦功德窟各一所（98 窟、100 窟），其中第九八窟完成於後唐同光二年。[28]第一〇〇窟始建於曹議金在位之時（P.4976 云：「天公主……宕泉造窟」）、完工於曹元德之際（甬道供養人題名）。[29]從崖面位置、崖下殿堂遺址、畫風等方面考慮，第二〇五窟的孔雀明王像和該窟其他五代壁畫應繪於後唐時期，極可能與第九八窟同時。這是較早或許是最早出現在敦煌壁畫中的孔雀明王像。

　　敦煌孔雀明王像大部分位於甬道頂，它的作用似非祈雨，而是像其他洞窟甬道頂及甬道兩壁多繪不空羂索、如意輪、千手千眼觀音一

27　《敦煌研究》1992 年第 3 期。

28　王惠民：《曹議金執政前期若干史事考辨》，敦煌研究院編《段文杰敦煌研究五十年紀念文集》，世界圖書出版公司 1996 年版，第 429 頁。

29　王惠民：《曹元德功德窟考》，《敦煌研究》1995 年第 4 期。

樣，起著降魔、守護的功能。而在大足石窟中，孔雀明王窟具有壇場性質，也許有祈雨、除毒之作用。

　　考慮到道賢密法對《孔雀明王經》的重視、後唐密教發達、敦煌與後唐關係密切等情況，也許我們就不難理解孔雀明王像在五代時期——可能就在後唐出現在敦煌壁畫上的原因。

　　（原標題《論〈孔雀明王經〉及其在敦煌、大足的流行》，刊於《敦煌研究》1996 年第 4 期）

十輪經變

　　敦煌莫高窟第三二一窟（張大千編第 126 號、伯希和編 139A），位於崖面底層，坐西向東，主室平面方形，西壁開龕，東西進深、南北寬均為五點四米（不含龕深），壁畫精湛，是敦煌藝術的代表洞窟之一。

　　張大千《莫高窟記》記：「經變二鋪。北壁一鋪，淨土變。」未及南壁題材。[1]

　　石彰如《莫高窟形》第一冊記：「南、北壁經變。北壁畫阿彌陀經（變）；南壁畫經變。」[2]南壁經變畫未定名，但第三冊圖版卷第一三七圖則云是「法華變相」。

　　謝稚柳《敦煌藝術敘錄》記錄為：「第一二六窟，初唐。較大窟。南北兩壁之經變，下半作伎樂舞蹈等，極妙。經變兩旁為觀經變相。東壁上佛三鋪。窟頂均作賢劫千佛。龕內畫蓮池，諸菩薩斜倚欄干，

1　《張大千居士遺著漠高窟記》，臺北「故宮博物院」1985 年版，第 266 頁。

2　石彰如：《莫高窟形》，臺北「中研院」史語所 1996 年版，第 1 冊第 237 頁。

極有姿態，為初唐窟之精好者。」其中「經變兩旁為觀經變相」，筆者不知所云，疑誤。[3]

北壁通壁繪西方淨土經變，比較好判定（實際上是沒有條幅畫「未生怨」「十六觀」的觀無量壽經變）。

南壁壁畫原擬為法華經變，二十世紀八〇年代初，著名學者史葦湘先生（1924–2001）發表《敦煌莫高窟的「寶雨經變」》，將第三二一窟南壁經變改定為寶雨經變。[4]史先生的這一考證得到學術界的肯定，如：在圖錄上，南京美術出版社一九九六年出版梁尉英先生《敦煌石窟藝術・莫高窟第 321 窟》一書有「寶雨經變」圖版三十多幅。（香港）商務印書館二〇〇〇年出版殷光明先生《敦煌石窟全集・報恩經卷》一書有「寶雨經變」一章，有圖版二十多幅。此二畫冊中的相關內容基本沿襲史先生的觀點。在研究領域學術界對於南壁壁畫題材也沿用「寶雨經變」之說，如，2001 年賓西法尼亞大學 Haewon Kim 的博士論文「Unnatural Mountains：Meaning of Buddhist Landscape in the Precious Rain Bianxiangin Mogao Cave 321」。李玉珉博士在二〇〇二年十月「臺灣二〇〇二年東亞繪畫史研討會」上宣讀的論文《敦煌莫高窟第 321 窟壁畫初探》。[5]美國夏威夷大學出版社二〇〇四年出版的寧強先生的博士論

3　謝稚柳：《敦煌藝術敘錄》，上海出版公司 1955 年版，第 188 頁。又上海古籍出版社 1996 年版，第 188 頁。

4　敦煌文物研究所編《敦煌莫高窟內容總錄》在記錄第三二一窟時已經寫為「南壁畫寶雨經變一鋪」，文物出版社 1982 年版，第 124 頁。史葦湘《敦煌莫高窟的「寶雨經變」》，敦煌文物研究所編：《1983 年全國敦煌學術討論會文集・石窟藝術編》下冊，甘肅人民出版社 1987 年版。

5　此文的中文本正式發表於（臺灣大學）《美術史研究集刊》第 16 期，2004 年 3 月。英文本發表於會議文集：Lee Yu-min, *A Preliminary Study of the Mural Paintings in Cave 321 at Mogao, Dunhuang, The History of Painting in East Asia: Essays on Scholarly Method*, Rock Publishing International, Taipei, 2008, pp. 171-196.

文《中國中世紀的藝術、宗教與政治：敦煌翟家窟研究》一書中的「三二一窟：女皇」一節。[6]由此可見，二十年來，「寶雨經變」的權威性沒有受到學界的質疑。[7]

　　莫高窟第七十四窟位於崖面底層（上方是北魏 250、251 窟），窟形較小，東西進深三點三米、南北三點七米（不含龕深）。此窟雖不引人注意，但窟頂、龕內、北壁的圖案和繪畫相當精美，並且龕內弟子的榜題文字還有保存，實為盛唐一重要洞窟。南壁通壁畫千佛，北壁內容未定名，一九八二年出版的《敦煌莫高窟內容總錄》記錄為「北壁畫經變一鋪」。[8]二○○○年出版的《敦煌研究文集·敦煌石窟經變篇》收有賀世哲先生的《敦煌壁畫中的法華經變》，新提出第七四窟北壁是觀音經變，但無考證。實際上，如果將之與第三二一窟南壁內容比較，就可判斷為同一經變。[9]即如果第三二一窟南壁是「寶雨經變」的話，第七四窟北壁也是「寶雨經變」。

　　前揭史葦湘先生文認為「第三二一窟應建於武周證聖（695）到聖歷（699）之間。」但沒有解釋理由。樊錦詩、劉玉權《敦煌莫高窟唐

6　Ning Qiang, Art, Religion & Politics in Medieval China: The Dunhuang Cave of the Zhai Family. Universiry of Hawaii Press, 2004.

7　二○○四年八月在敦煌研究院舉辦的國際學術討論會上宣讀本文後，會議代表山崎淑子博士告訴筆者，京都大學學生西林孝浩於二○○四年三月二十日在奈良舉行的「美術史學會西支部例會」上發表《敦煌莫高窟第 321 窟南壁「寶雨經變」についこの再檢討》，對這鋪經變已有懷疑，而以金光明經變解釋之。會後，山崎淑子寄來西林孝浩的發言稿。

8　敦煌文物研究所編：《敦煌莫高窟內容總錄》，文物出版社 1982 年版，第 25 頁。

9　關於這 2 鋪經變的相同性，日本學者百橋明穗在其《敦煌的法華經變》已經注意到並以法華經變視之，《神戶大學文學部紀要》第 13 號，1986 年 3 月。2000 年出版的論文集《佛教美術史論》收錄此文但未經修改仍以法華經變視之，中央公論美術出版社 2000 年版。此文有蘇佳瑩中譯本，載百橋明穗論文集《東瀛西域》上海書畫出版社 2013 年，譯者注已提示是十輪經變第 19 頁。

前期洞窟分期》一文將唐前期洞窟分為四期，第三二一窟屬於第二期，「在高宗、武則天時期」，「晚不過中宗神龍時期」。第七四窟屬於第四期第一類，「此類洞窟多始建於安定的玄宗天寶時期……晚不過代宗初期。」[10]也即相差五六十年。

由於第七四窟不是武則天時期的洞窟，隨著第七四窟「寶雨經變」的發現，疑問隨之而來：此前的研究者認為第三二一窟「寶雨經變」與武則天政治有密切連繫，那麼，四五十年之後建造的第七四窟為何還繪製「寶雨經變」呢？

本文新提出，此二鋪「寶雨經變」實際上是十輪經變，它是三階教信仰、地藏菩薩信仰的產物。第三二一窟有可能是三階教窟，建窟時間在武則天之後（約 705–720 年）。

一　《十輪經》在中國的流行

1.《十輪經》的流行與三階教有關

《十輪經》前後二譯：1、失譯者名（今附北涼錄）《大方廣十輪經》八卷十五品（下稱初譯本）；2、玄奘於永徽二年（651）重譯的《大乘大集地藏十輪經》十卷八品（下稱玄奘譯本）。二譯本內容基本相同，而玄奘譯本更通順流暢些，如初譯本將玄奘譯本中的「十輪品」分為發問本業斷結品（1–5 輪）、灌頂喻品（6–10 輪），同一內容分為二品，顯然欠妥。布施品、持戒品、忍辱品、精進品、禪相品、智相品屬於六度，內容相關，所以玄奘譯本給出一品（福田品）。

10　敦煌文物研究所編：《敦煌研究文集・敦煌石窟考古篇》，甘肅民族出版社 2000 年版，第 159、181 頁。

《十輪經》譯本比較

卷次	北涼譯本	玄奘譯本	主要內容
卷一	序品第一	序品（卷一）	說地藏救錯苦難，地藏變化身。
卷二	諸天女問四大品第二		天女等就地藏熟知四大而問佛。
	發問本業斷結品第三	十輪品（卷二）	地藏請佛說十輪，1-5輪。
卷三	灌頂喻品第四		佛說十輪之6-10輪。
	相輪品第五	無依行品（卷三—五）	天藏請問戒律。
卷四	刹利旃陀羅現智相品第六		地藏請問戒律。
卷五	眾善相品第七	有依行品（卷五—七）	金剛藏菩薩請問菩薩行等。其中布施等六度內容都很短。
卷六	刹利依止輪相品第八	有依行品、懺悔品（卷七）	
卷七	遠離譏嫌品第九	業道品（卷八—九）	
	布施品第十		
	持戒品第十一	福田品（卷九—一〇）	
	忍辱品第十二		
卷八	精進品第十三		
	禪相品第十四		
	智相品第十五	福田品、獲益囑累品（卷一〇）	

　　玄奘譯本序記載：「以今所翻，比諸舊本：舊本已有，今更詳明；舊本所無，斯文具載。」後者的字數也多些，（唐）道宣《大唐內典錄》卷六記載：「《大方廣十輪經》。八卷，一百一十紙。《大乘大集地藏十輪經》。十卷，一百七十一紙。」（唐）智升《開元釋教錄》卷一九記

載：「《大乘大集地藏十輪經》。十卷，一帙，一百六十五紙。《大方廣十輪經》。八卷，一百九紙。」

《十輪經》信仰在隋代之前似乎未見記載，大約濫觴隋代，初唐仍十分流行。如武德九年（626）成書的道宣《四分律刪繁補闕行事鈔》中，十次引用該經。《十輪經》受到三階教的重視，該教的地藏菩薩信仰、末法思想等多取自該經，玄奘譯本序云：「十輪經者，則此土末法之教也。」在信行《三階佛法》中引用多達一百多次。[11]信行還撰有《十輪依義立名》《十輪略抄》（《開元釋教錄》卷一八）。敦煌遺書 P.2412 有完整的三階教文獻《人集錄都目》一卷，其中有「《大方廣十輪經學依義立名》。兩卷，卅三紙……《大方廣十輪經人集錄略抄出》。一卷，卅一紙」等記載，此兩部經即《開元釋教錄》卷一八中的「《十輪依義立名》二卷（《大方廣十輪經學依義立名》）、《十輪略抄》一卷（《大方廣十輪經人集錄略抄出》）」。

法海寺沙門神昉是玄奘翻譯《十輪經》的筆受者之一，經序就是出自他手（《全唐文》卷九〇八也收錄此經序），著有《十輪經鈔》三卷，全文已失，部分內容保存在《群疑論探要記》，其中推崇信行說：「有大善知識信行禪師，混跡異生，參道賢聖，應居雜染，摧運惡時，屬末法頹綱，慨邪正之紕繆。」[12]（唐）懷信《釋門自鏡錄》卷上記載：「慈悲寺僧神昉，少小已來聽學《十輪經》，精勤苦行，特異常人，著糞掃衣，六時禮懺，乞食為業，每講《十輪經》。常說眾生不合讀誦大乘經，讀誦者墮地獄。畢至命終時，生身被地獄火燒，傍身有黑煙氣。於時濟法寺僧思簡，親見此事，信知斷學般若必有惡征，見身立

11　矢吹慶輝：《三階教之研究》，岩波書店 1927 年版，第 638 頁。

12　日本《淨土宗全書》第 6 冊，轉引自矢吹慶輝《三階教之研究》，第 4 頁。

驗。」慈悲寺神昉當即法海寺神昉。雖事荒誕，但神昉「聽學《十輪經》，精勤苦行，特異常人，著糞掃衣，六時禮懺，乞食為業，每講《十輪經》。常說眾生不合讀誦大乘經，讀誦者墮地獄。」都是三階教的行為。

另外，（清）王昶《金石萃編》卷五一、周紹良《唐代墓誌彙編》卷上收有《王居士磚塔銘》，其中提到居士王孝寬「超修《十輪》」「旰食一麻」「以顯慶元年（656）十一月二十九日，寢疾終於京第，春秋七十有三。即以三年十月十二日收骸起靈塔於終南山楩梓谷。」從王居士日常生活和葬式葬地等看，他是一位三階教徒。

最值得注意的是，現存唯一的三階教石窟陝西金川灣石窟所刻八種佛經中，就有《十輪經》，此石窟約建造於七世紀六〇年代，雖然此時玄奘已經譯出新的《十輪經》，但此刻經仍為早期的八卷本。[13]大約與三階教一直使用此譯本有關，而與流行時間關係不大，因為此窟刻有玄奘於六四九年譯的《如來示教勝軍王經》一卷。

玄奘為何重譯《十輪經》？大致有兩個原因。一是玄奘譯經有迎合時尚之特點。玄奘從西天取經，「所獲經論六百五十七部」（《大唐西域記》序之一）不謂不多，但其譯經有限，「總七十五部，一千三百三十五卷」（靖邁《古今譯經圖紀》卷四），其中重譯的不少，如《維摩詰經》《阿彌陀經》《藥師經》《十輪經》等，都是當時流行的佛經，可

13　這 8 部刻經是：信行《明諸經中對根淺深發菩提心法》一卷、信行《明諸大乘修多羅內世間出世間兩階人發菩提心同異法》一卷、信行《大集月藏分經略抄出》一卷、《七階佛名》一卷、初譯本《十輪經》八卷、闍那崛多共笈多譯《添品妙法蓮華經》七卷、鳩摩羅什譯《金剛經》一卷、玄奘譯《如來示教勝軍王經》一卷。參張總、王保平《陝西淳化金川灣三階教刻經石窟》，《文物》2003 年第 5 期；張總：《陝西新發現的唐代三階教刻經窟初識》，榮新江主編《唐代宗教信仰與社會》，上海辭書出版社 2003 年版。

見他的譯經有一定的針對性。通過玄奘這種為時所好的譯經選擇，我們也感覺到《十輪經》在初唐時期的影響是很大的。二是玄奘譯《十輪經》或許還與三階教有關，因為他西行之前，曾於武德七年（624）到過相州慈潤寺，而信行弟子靈琛（554–628）就住在該寺，他們應該見過面。玄奘弟子中也有信仰三階教者。[14]

　　儘管玄奘久負盛名，但他翻譯的《十輪經》後，舊譯本依然流行，除金川灣石窟刻經不用玄奘譯本外，敦煌文獻中二十多件《十輪經》寫本，只有一件屬於玄奘譯本。彬縣大佛寺 Q123 號龕長壽三年（694）豳州司馬李承基造地藏像題記也說明此地藏像依據初譯本雕造：「夫以提耶妙說，法聲應而降魔；如意寶珠，神光觸而除惡。由是百千菩薩俱乘稽首之尊，八十頻婆會集歸依之聖。故得天花遍滿，大雨飛騰，淨有儼其稱揚，渴仰恭其讚歎。司馬李承基，誠心法印，願庇慈雲，是用抽舍淨財，敬造出家菩薩。雕形作像，感德巍巍，畫彩端容，莊嚴□□。伏願三明具足，四果回流，長依成熟之緣，永證無生之忍。大周長壽三年歲次甲午四月八日，中大夫行豳州司馬弟子李承基敬造。」[15]

　　一〇九四年成書的日本永超《東域傳燈目錄》記錄流傳日本的《十輪經》相關注疏有：「《十輪經依義立名》三卷（隋沙門信行撰）。同經《略抄》一卷（同上）。同經《疏》八卷（靖邁師撰）。同《義記》

14　關於玄奘、玄奘弟子與三階教的關係，請參閱楊廷福《玄奘年譜》「武德七年」條，中華書局 1988 年版，第 80–81 頁。根據《慈潤寺故大靈琛禪師灰身塔銘》（《八瓊室金石補正》卷二九、《全唐文》卷九九七），靈琛師從信行，而《大唐故三藏玄奘法師行狀》記載武德七年玄奘曾到該寺向慧休求學，推測應當見到同寺的靈琛。《續高僧傳》卷一五有「慧休傳」。

15　此題記錄文有多種，此參考尹富《中國地藏信仰研究》錄文與考證，巴蜀書社 2009年版，第 142–143 頁、第 499–500 頁。

八卷。同經《義記》四卷。同《疏》三卷。同經《抄》三卷（大乘昉撰）。同《疏》三卷（同上，依見行本）。同經《音義》一卷（已上三部可詳）。」可見流傳到日本的《十輪經》相關資料不少。

敦煌遺書中有一些《十輪經》寫本，共二十六件，依經文前後是：

卷一：S.3136、BD07358（鳥 58 號、北 225 號）、S.209、BD07554（人 54 號、北 8510 號）、Ф.136；

卷二：S.3368（此件首缺尾全，可與 S.3367 拼接）、BD01066（辰 66 號、北 226 號）；

卷三：S.3367（此件卷全，可與 S.3368 拼接）、S.2262、日本守屋孝藏收集品（偽）；[16]

卷四：S.7633、S.11536、Дx.300、杏雨書屋 143；

卷五：S.11712、大谷大學藏 16 號；[17]

卷六：S.7240、S.7555、S.7728、BD00273（宇 73 號、北 227 號）、BD07738（始 38 號、北 8511 號）、浙江省博物館藏一件；

卷七：臺灣 14、BD00322（宙 22 號、北 228 號）、BD03678（為 78 號、北 229 號）；

卷八：S.154、BD05723（奈 23 號、北 230 號）。

另外，還有一件玄奘譯本，即 S.7041，始「尼仙所依住處」，止

16 見京都國立博物館一九六四年編《守屋孝藏氏蒐集古經圖錄》第二一九圖，尾全經文存十五行後有寫經題記，似偽，甚至每行的最後一字寫在紙的水漬之上錄此存考：「文明元年五月清信佛弟子索世通奉為亡考妣敬寫《十輪經》一部願亡者神生淨土，法界眾生，同登正覺。」該書第二二〇圖是《法華經》也是索世通題記。此件文書疑點太多，未統計在本文中。池田溫：《中國古代寫本識語集錄》大藏出版株式會社 1990 年版第 643 條。

17 野上俊靜：《大谷大學所藏敦煌古寫經》（續），大谷大學 1972 年版。

「證得諸法身生天涅」。[18]

這些寫本還有一個特點是以序品最多。由於《十輪經》有關地藏
菩薩信仰的內容主要集中在序品，我們懷疑敦煌遺書中多序品寫經，
或許與地藏信仰有關。

2. 《十輪經》與地藏菩薩信仰

地藏菩薩信仰的主要內容是地藏承擔了釋迦滅後至彌勒成佛之間
的「救世主」身分，即無佛時代的「佛」。初譯本《十輪經》卷一記載：
「地藏菩薩摩訶薩於無量阿僧祇劫，為五濁惡世成熟眾生故，而來至
此。」後來的相關譯經說得比較清楚，如玄奘譯《十輪經》卷一記載：
「有菩薩摩訶薩，名曰地藏，已於無量無數大劫五濁惡世無佛世界，成
熟有情。」（唐）實叉難陀譯《地藏菩薩本願經》中，釋迦曾付囑地藏：
「汝當憶念吾在忉利天宮殷勤付囑：令娑婆世界至彌勒出世已來眾生，
悉使解脫，永離諸苦，遇佛授記。」正符合三階教主張，所以三階教是
念地藏菩薩的，窺基（632–682）《西方要決》中提到：「第十一會，釋
三階行者五種小疑……第五疑曰：方今之際，去聖時遙，下品凡愚，
正合禮懺地藏菩薩。」（唐）道鏡、善道《唸佛鏡》中提到：「問曰：『三
階念地藏菩薩，功德多少，如念阿彌陀佛？』答曰：『念阿彌陀佛功德
多於念地藏菩薩百千萬倍。』」法琳（572–640）《辯正論》卷七提到：
「儒生問曰：造像書經本期現福，持齋行道貴益眼前。何為念地藏而無
徵，喚觀音而不救？」BD05922 有《晝夜六時發願法》《人集錄依諸大
經中略發願法》《贊禮地藏菩薩懺悔發願法》，由於可以肯定其中的《人
集錄依諸大經中略發願法》為三階教文獻，這三份《發願文》可能都

18　對於這件寫本的敘錄，見張總《地藏信仰研究》，宗教文化出版社 2003 年版，第 98
頁。

是三階教文獻，其中的《贊禮地藏菩薩懺悔發願法》可證三階教信仰地藏。

三階教重視《十輪經》的原因之一，是該經詳細宣傳了地藏菩薩信仰。該經可分為四部分：論述地藏、論述十輪、論述末法、論述六度，具體為：卷一是「序品」，由淨有天神請問、渴仰菩薩請問、地藏菩薩誓言與咒語組成，是地藏信仰的核心內容。卷二有二品，其中「諸天女問四大品第二」即天女請問地藏功德，內容不多，實際上屬於序品內容，玄奘譯本即將上述內容歸於序品。卷二的另一品是「發問本業斷結品第三」，從此品開始至卷三「灌頂喻品第四」「相輪品第五」，都是佛為地藏解說「十輪」。卷四隻有一品，即「刹利旃陀羅現智相品第六」，主要是佛與地藏菩薩問答，內容多為譬喻，故事生動，講述欺詐、不道德諸事，是《十輪經》的主要內容之一，玄奘譯本序提到：「是以菩薩示聲聞之形，象王敬出家之服。」點出此經的兩個特點：序品的地藏形像和第六品（刹利旃陀羅現智相品）的象王本生。卷五以後各品均是佛與金剛藏菩薩之間的問答，解說六度方面的問題。就是說，在《十輪經》十五品中，與地藏有密切關係的是前六品，這對指導我們考察十輪經變將有重要意義。

早期的三階教並不重視鑿窟造像，《唸佛鏡》中提到：「問：三階法中，見形像及以諸經，不多恭敬，為是泥龕，四生眾生是真佛故，所以恭敬。唸佛法中，未知敬佛像及經已不？」但我們還可以找到信行信仰佛像的記載：

（1）《續高僧傳》卷一六「信行傳」記載信行：「莫不六時禮旋，乞食為業，虔慕潔誠如不及也。末病甚，勉力佛堂，日別觀像，氣漸衰弱，請像入房，臥視至卒，春秋五十有四，即十四年正月四日也。」信行在佛堂觀像、臨終還「請像入房」，可見信行對佛像並不排斥，他

本人有圖像崇拜。

（2）西京（西安）化度寺是三階教的大本營，寺院有壁畫，（唐）張彥遠《歷代名畫記》卷三記載：「化度寺（殷仲容題額）。楊廷光、楊仙喬畫本行經變，盧稜伽畫地獄變，今殘兩頭少許耳。」

（3）金川灣石窟顯示，三階教有鑿窟造像。

（4）西安碑林博物館藏有一件三階教徒造像碑，碑陽題《皇唐三階大德禪師碑》（有學者認為這面是碑陰），碑陰分三層刻半跏坐菩薩一身、大日如來一鋪五身（一佛二脅侍菩薩二供養菩薩）、四天王立像等三組造像，可能是晚唐之物。[19]

關於地藏像的最早記載是成書於六六八年的道世《法苑珠林》。

由於地藏的救苦救難性格與觀音類似，故佛教造像中有將此二菩薩並列者，主要見於龍門石窟，敦煌石窟、四川石窟也有。[20]《地藏菩薩本願經》等佛經所說的四大菩薩則是彌勒、觀音、文殊、普賢。而在晚期的中國佛教中，地藏與觀音、文殊、普賢並稱「四大菩薩」，甚至將九華山、普陀山、五臺山、峨眉山比定為四大菩薩的道場，即地藏取代了彌勒的位置。

地藏信仰資料存在於顯教經典、密教經典以及民間傳說（包括疑偽經《十王經》）中，形像也因經典的不同而有差異，大致可分作普通僧人形和披帽僧人形兩種，每種有手作印契和手執錫杖、托寶珠兩類。地藏菩薩以比丘形像現形見於《十輪經》和《地藏菩薩儀軌》，如初譯本《十輪經》記載：「是地藏菩薩作沙門像，現神通力之所變化。」（玄奘譯本《十輪經》同此）《十輪經》提示地藏雙手持寶珠，而《地

19　李翊：《皇唐三階大德禪師造像碑》，《中原文物》2010 年第 3 期。

20　參閱胡文和《四川道教佛教石窟藝術》「地藏、觀音」一節，四川人民出版社 1994 年版，第 228-230 頁。

藏菩薩儀軌》則云持花、施無畏，所以我們可將比丘形、雙手托寶珠
的地藏像稱之為「十輪系地藏像」，唐前期的敦煌壁畫上有數身地藏
像，但未見一手持花、一手施無畏的形像。地藏還有菩薩形像，不空
譯《八大菩薩曼荼羅經》記載：「於如來前想地藏菩薩頭冠、瓔珞面貌
熙怡寂靜，憫念一切有情，左手安臍下拓（托）缽，右手覆掌向下。」
但在此前，龍門石窟就有非密教系統的菩薩形地藏像，經典來源不
明。敦煌唐前期的洞窟中目前尚未發現有菩薩形像的地藏像。至於手
執錫杖、托寶珠形像的佛經依據也不明了，日本《覺禪抄》記載：「內
秘菩薩行，外顯比丘相，左手持寶珠，右手執錫杖，安住千葉青蓮
花。」言引不空譯《地藏儀軌》，但此儀軌不見記載。

經軌所記地藏菩薩形像

經典	形像	左手	右手	坐姿
《十輪經》	比丘	持寶珠	持寶珠	未記載
《地藏菩薩儀軌》	比丘	持花	施無畏	結跏趺坐
《覺禪抄》	比丘	持寶珠	執錫杖	結跏趺坐
《八大菩薩曼荼羅經》	菩薩	托缽	撫膝	結跏趺坐
《不空羂索神變真言經》	菩薩？未言明	持寶印	施無畏	半跏趺坐

敦煌的地藏圖像始現初唐（第 333 窟東壁門南、門北各一身，第
372 窟東壁門南一身），盛唐驟增，晚唐出現披帽地藏與十王的組合
像，並在五代、宋、西夏時期流行。現存於壁畫和紙絹畫中的地藏圖
像約一百五十幅，其中單尊像占三分之二、其餘占三分之一。對於地

藏信仰的研究，請參閱前賢們的研究。[21]關於敦煌地藏圖像的調查，紙絹畫方面的普查較完整，而壁畫中的地藏像雖多有學者關注，但均未經實地調查、核實內容與時代，不堪用。[22]筆者重新進行了考察。[23]

二 莫高窟第三二一窟的十輪經變

唐代中原寺院壁畫中有十輪經變，《歷代名畫記》卷三記載：「（東都洛陽）敬愛寺是中宗皇帝（656–710，在位時間是 705–710）為高宗、武后置。」「妙選巧工，各騁奇思，莊嚴華麗，天下共推。」吳道子（生卒年不詳，約 686—約 760）等藝術家在此寺大顯身手。該寺的塑像、壁畫內容極為豐富，有武則天真容像、依據王玄策從西域取來樣本所塑菩提瑞像等。按：敬愛寺實際建造於七世紀六〇年代，詳後文。《歷代名畫記》卷三記錄的該寺諸經變畫中，有二鋪十輪經變：

東禪院殿內十輪變，武靜藏描。東壁西方變，蘇思忠描，陳慶子成……山亭院十輪經變、華嚴經（變），並武靜藏畫。龍王面上蜥蜴及

---

21 論文論著很多，比較重要的論著有：真鍋廣濟：《地藏菩薩研究》，三密堂書店 1960 年版；潘亮文：《中國地藏菩薩像初探》，臺南藝術學院 1998 年版；F. Wang-Toutain, *Le Bodhisattva Ksitigarbha en Chine du Ve au XIII e Siecle*, EFEO, 1998. Zhizu Ng, *The Formation and Development of the Dizang Cult in Medieval China*, A dissertationg of University of Arizona, 2002；張總：《地藏信仰研究》，宗教文化出版社 2003 年版；尹富：《中國地藏信仰研究》，巴蜀書社 2009 年版。

22 松本榮一：《敦煌畫研究》第三章第七節、第八節「披帽地藏菩薩圖」「十王經圖卷」；河原由雄：《敦煌畫地藏圖資料》，《佛教藝術》第 97 號，1974 年；羅華慶：《敦煌地藏圖像和「地藏十王廳」研究》，《敦煌研究》1993 年第 2 期。但他們對敦煌地藏資料的調查有許多錯誤，需要核實後使用。

23 王惠民：《唐前期敦煌地藏圖像考察》，《敦煌研究》 2005 年第 3 期；王惠民：《中唐以後敦煌地藏圖像考察》，《敦煌研究》2007 年第 1 期。

懷中所抱雞，尤妙。

　　武靜藏善畫鬼神，卷九「武靜藏」條記載：「武靜藏，善畫鬼神，有氣韻。東都敬愛寺東山亭院地獄變，畫甚妙。」按：「龍王面上蜥蝪及懷中所抱雞」作者可能是劉行臣，同書卷九「劉行臣」條記載：「劉行臣，善畫鬼神，精采灑落，類王韶應。東都敬愛寺山亭院西壁有《鬼神抱野雞》，實為妙手。」此《鬼神抱野雞》當即《龍王抱雞》。

　　敦煌二鋪十輪經變的榜題已經漫漶，但第三二一窟一方榜題存「爾時灌頂」等文字，經查，出於初譯本《十輪經》，所以我們對本經變也以初譯本為主進行考察。首先，我們用《十輪經》來重新解讀第三二一窟南壁壁畫。（圖1）

▲　圖1　三二一窟南壁全圖

在布局上，第三二一窟十輪經變大致可以分五個區域（圖2）：

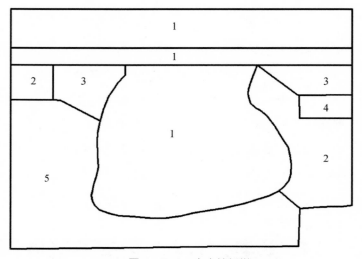

▲ 圖2　三二一窟十輪經變

1. 主體說法會及其周圍畫面；
2. 西側中部：稱地藏名、獲諸功德；
3. 西側上方：變化諸身、方便說法（部分內容在東側上部）；
4. 西側：象王本生；
5. 東側及下方：十輪。

第一部分：主體說法會及其周圍畫面

1. 佉羅堤耶山說法會

畫面：為主體說法會，釋迦牟尼佛結跏趺坐說法，弟子、菩薩、天神圍繞。

考釋：經云，釋迦說完《月藏經》後，應淨有帝釋（玄奘譯本稱「無垢生天帝釋」）、渴仰菩薩（玄奘譯本稱「好疑問菩薩」）、地藏菩

薩、金剛藏菩薩等請問而說此《十輪經》。

　　畫面左側眷屬中有天神（普通護法神王形像）、鳥嘴之迦樓羅、三面四臂之阿修羅（手舉日、月），對應右側有豎髮之夜叉、龍冠六臂之龍王（或曰摩醯首羅天）、獅皮冠神，但《十輪經》序分並沒有介紹這些神，在介紹地藏變化身時提到「或作乾闥婆、緊那羅、摩睺羅伽、天、龍、夜叉身」。本經變的神將也是六身，或有關聯，本文將諸神以「天龍八部」視之。

　　諸神形像具有密教色彩，這在同期或以前的壁畫中少見，初唐第二二〇窟北壁藥師經變、盛唐第三二〇窟南壁佛說法圖中有類似圖像（第三二〇窟也是畫了六身，頂有一角之緊那羅神，蛇冠之摩睺羅伽，龍冠之龍神，一神冠上有一雁，一神頭披獅皮，一神手持輪、戟等）。高宗、武則天時期開始流行密教圖像，本窟東壁及三三一、三三四、三四〇窟，榆林窟第二十三窟都有密教圖像，此經變中出現帶有密教色彩的圖像，顯示密教已經相當發達，也是判定此窟時代的一個佐證。

2. 雨寶供養

　　畫面：經變上方三分之一處為橫貫的彩雲，彩雲中間下方飄灑著鮮花、瓔珞、樂器、寶瓶等。

　　考釋：初譯本序分記載：「爾時南方有大香雲雨大香雨，大花雲雨大花雨，無量瓔珞雲雨種種瓔珞雨，大衣雲雨大衣雨。於佉羅堤耶山牟尼仙所住所，是諸大雨皆悉遍滿。大陰雲雨而雨香花、衣服、瓔珞，亦說種種無量法音。」玄奘譯本則更清楚地說明諸寶雨乃來自南方：「爾時南方大香雲來雨大香雨，大花雲來雨大花雨，大妙殊麗寶飾云來雨大殊麗妙寶飾雨，大妙鮮潔衣服雲來雨大鮮潔妙衣服雨。是諸雲雨充遍其山諸牟尼所依住處。」此雨寶的描述乃顯示地藏菩薩從南方來而出現的奇觀，看來，南方是一個美妙的淨土世界，而地藏菩薩的

到來，使這些發生在南方的美妙景觀隨之而來。

　　按：此畫面與《寶雨經》序分中的雨寶相似：「三千大千世界寶網彌覆，莊嚴顯現，於虛空中遍布大雲，雨天妙蓮花，雜花妙果，或雨天花蔓，好香末香袈裟衣服珠蓋幢幡。現如是等種種供養之時，索訶世界一切有情皆得最上無量快樂。」但雨寶的場面不限於一部佛經，如鳩摩羅什譯《法華經》卷七「普賢菩薩勸發品」提到普賢從東方世界來禮拜釋迦牟尼：「爾時普賢菩薩以自在神通，威德名聞，與大菩薩無量無邊不可稱數從東方來。所經諸國普皆震動，雨寶蓮花，作無量百千萬億種種伎樂。又與無數諸天、龍、夜叉、乾闥婆、阿修羅、迦樓羅、緊那羅、摩睺羅伽、人非人等，大眾圍繞，各現威德神通之力，到娑婆世界耆闍崛山中，頭面禮釋迦牟尼佛，右繞七匝。」（北涼）曇無讖譯《大方等大集經》卷一六「虛空藏菩薩品」介紹虛空藏菩薩名字由來時提到：「爾時普光明王如來即知功德莊嚴王心所念，告師子進菩薩言：『善男子，現汝自在功德神力，菩薩變現使此大眾普得見聞，回彼邪心，使得正見，為降伏諸魔外道故。』爾時師子進菩薩實時入定已，現如是等相，使三千大千世界六種震動，於上虛空中雨種種妙物，所謂諸花香、末香塗香、繒蓋幢幡，作種種天樂。美膳飲食，瓔珞衣服，種種珍寶，皆從空中繽紛而下。雨如此寶，滿足三千大千世界，眾生得未曾有皆大喜悅。爾時從地神、諸天、上至阿迦膩咤天，皆歡喜踊躍，唱如是言：『此大菩薩，可名虛空藏，所以者何？以從虛空中能雨無量珍寶充足一切故。』爾時世尊即印可其言，名虛空藏。」

　　在細節上，第三二一窟說法會上方雨瓔珞無數，《寶雨經》沒有提到雨瓔珞事，而《十輪經》正好提到雨瓔珞：「無量瓔珞雲雨種種瓔珞雨。」（玄奘譯本作「大妙殊麗寶飾雲來雨大殊麗妙寶飾雨」）

3. 手托如意珠

畫面：彩雲中間現出雙手，各托一圓形物，手腕有腕釧。

考釋：此前學者認為上述畫面表示日、月行空，暗指武則天的聖諱「曌」字，內容與《寶雨經》的經文無關。問題是：雙手上的圓形物內日、月特徵並不顯著（沒有金烏、白兔）。再者，若日、月行空為何要用雙手來托持日、月？

北涼譯《十輪經》序分則提到手托如意寶珠，即此圓形物為如意寶珠：「……諸來大眾悉見種種雨，亦聞無量諸法音聲，隨意衣服嚴飾之聲。又復皆悉見其兩手有如意珠，雨如意寶。」玄奘譯本清楚表示人人手中有如意寶珠：「爾時一切諸來大眾咸見如是種種雲雨，亦聞如是諸法音聲，隨意所樂，各見其身種種香花寶飾衣服之所莊嚴，又各自見兩手掌中持如意珠。從是一一如意珠中雨種種寶。」

雖然畫面只表示一雙手在彩雲中托寶珠，與經文所云與會大眾人人手持如意珠不一致，但如依據經文所說，在畫面上表現出人人手握寶珠，寶珠雨寶無數，畫面將十分混亂。而將手持如意珠畫在彩雲中，則可表示「手握寶珠」和「如意珠雨寶」之雙重內容，這一形式的變通不改經文原旨，更使畫面勝出經文一籌。

第三二一窟十輪經變中出現八身比丘形地藏像，其中在地藏救諸苦難中出現一身持寶珠的地藏像，是證明本壁經變為十輪經變的重要依據。

可資證明的是，著名的咸亨元年（670）崔善德造像碑一面造彌勒，一面造地藏，地藏比丘形，善跏坐，雙手各持一寶珠。每一寶珠

各化現三組人物，當表示六道。[24]廣元千佛崖二一三窟附一龕、二一五窟附八龕、二一六窟、二九九窟、八〇六窟附二八龕，四川蒲江縣飛仙閣三八、五五窟等窟龕中的地藏像均比丘形，雙手各持寶珠。

在敦煌壁畫上，唐前期的地藏形像中，雙手持如意珠的頗多，如初唐第三七二窟東壁門南，盛唐第七四窟西壁龕外南側、第一一六窟東壁門北、第一六六窟東壁門北、第四四五窟東壁門上之地藏，我們可將雙手托寶珠的地藏像稱之為《十輪經》係地藏像。其中初唐第三七二窟東壁門南地藏像左手托寶珠，右手也似托寶珠，兩寶珠向地藏頭光上方放光，光中有十佛（表示十方諸佛世界），光下有二長帛（表示雨寶），已經有一定的情節了。

4. 十方諸佛

畫面：彩雲上方有十鋪說法圖，背景、眷屬不一。西起：一佛二菩薩說法；一佛四菩薩說法；一倚坐佛五菩薩說法；一佛四菩薩樹下說法；一佛八菩薩宮殿說法；一佛八菩薩樹下說法；一佛二菩薩樹下說法；一倚坐佛六菩薩宮殿說法；一佛六菩薩山中說法；一佛十菩薩樹下說法。這十鋪說法圖共同的特點是諸佛無弟子。第一組只有三尊像，以後漸多，到最後一組達十一尊像，由此推測畫面可能自西開始。

考釋：這是表示藉助如意寶珠，得見十方世界。初譯本序分記載：「其如意寶各出光明，如是光中皆見十方恆沙世界一切諸佛。是諸佛所各有菩薩而自圍繞。」又云地藏能令「一切眾生悉離愚痴，便見十方一切佛國」。十鋪說法圖在寶雲之上方即表示是其他佛國世界。

我們注意到，諸說法圖中只有菩薩圍繞而無弟子，這也是區別有

24　此碑二十世紀曾在法國展示過，而後不見報導，但有照片留下，頻見引用。參三上次男《唐咸亨元年銘の碑像と地藏像》，《古美術》第 18 號，967 年。

弟子的釋迦說法會的一個標誌，[25]所以將此十鋪說法圖理解為十方諸佛，將大致不誤。

三階教也有往生十方佛國的思想，（初唐）懷感《釋淨土群疑論》卷三記載：「如三階禪師等，咸以信行禪師是四依菩薩，於諸大乘經中，撰集《三階集錄》，言今千年已後，第三階眾生唯合行普真普正佛法，得生十方佛國。若行別真別正佛法，及讀誦大乘經等，即是不當根法，墮於十方地獄。」

按：此前，學者有兩種猜測：或是表示《寶雨經》有十卷，或是以一代十來表示一○二法門（經文云有 102 法門，但實際只提到一○一個法門，漏一法門）。諸說法圖的背景、眷屬是不同的，我們很難同意是表示《寶雨經》的十卷。而「以一代十來表示 102 法門」在數字和常理上均不合。

5. 渴仰菩薩請問

畫面：主尊正下方畫一菩薩，胡跪合十，抬頭作眺望狀。西側是淨有天神、三比丘，東側是三天女。

考釋：《十輪經》中向佛請問的有淨有帝釋（天神淨有）、天神天藏、功德天女、地藏菩薩、渴仰菩薩、金剛藏菩薩等，地藏菩薩為比丘形，金剛藏菩薩在卷五中出現，故此菩薩可能是序分中的渴仰菩薩。序分記載：「爾時復有渴仰菩薩摩訶薩從座而起，整其衣服，右膝著地，合掌向佛，白佛言……」抬頭眺望的姿勢正符合此菩薩的名字。

6. 淨有請問

畫面：渴仰菩薩西側一人面佛而跪，穿紅袍（或袈裟），戴寶冠。

25　一般來說，西方淨土世界是沒有弟子的，施萍婷：《敦煌經變畫略論》，敦煌研究院編：《敦煌研究文集・敦煌石窟經變篇》，甘肅民族出版社 2000 年版，第 6 頁。

考釋：穿紅袍、戴寶冠者疑表示淨有帝釋，他曾向佛請問：「爾時有一帝釋，名曰淨有，於大眾中不遠而坐。於是淨有即從座而起，整衣服，右膝著地，合掌向佛，以偈問曰……」

7. 地藏赴會

畫面：佛的左右各有七身聽法弟子，而下方淨有帝釋身後，更有三身比丘：第一身合十而跪，頭上有華蓋；第二身支腿而坐，右手持花盤，左手置左膝，不持物；第三身左腿著地、右腿支起胡跪，右手持花盤，左手向下伸直，不持物（圖3）。

▲　圖3　地藏赴會

考釋：此三身比丘或許有著特殊身分，疑為比丘形的地藏等菩薩。序分云，雨寶奇觀出現之後，地藏菩薩與無數菩薩以神通力從南方來，「悉作聲聞像，在如來前，頂禮佛足，右繞三匝……爾時地藏菩薩摩訶薩以若干種天花、香花、瓔珞而散佛上，所散之花變成寶蓋。是時地藏菩薩在佛前坐，聽受經法」。即地藏及其眷屬是比丘形像，畫面表現的是地藏及其眷屬以天花、香花、瓔珞供養釋迦。其中第一身有華蓋，身分顯貴，當是地藏。

　　按：佛教造像中的地藏多有頭光，此三比丘卻沒有頭光。是畫工為了畫面簡潔，還是畫工認為佛經本來就沒有記載而不畫出？待研究。本鋪經變另有比丘形地藏七身，都以救諸苦難形象出現，其中一身手持寶珠，餘不持物。

8. 三天女請問

　　畫面：位於渴仰菩薩之左側，與三比丘對應。三天女站立，合十禮佛，天衣飄揚，宛若剛從天上下來。三天女身後站立十位文官、穿盔甲之武官（圖4）。

▲ 圖4　三天女請問

　　考釋：初譯本卷二「諸天女問四大品」記載：「爾時功德天女、功德樂天女、妙音聲天女，堅固地神天、未曾有天、大光明天，如是等天，以為上首，與一萬八千及餘大自在鬼神，從坐（座）而起，合掌

向佛，白佛言⋯⋯」《十輪經》提到三天女、三天神名，恰好與畫面中有三天女相符，畫面即表示三天女請問。玄奘譯本則説三天女、三天神都是天女：「時眾會中有大吉祥天女、具大吉祥天女、大池妙音天女、大堅固天女、具大水天女、放大光天女而為上首，總有一萬八千天女，於四大種皆得自在，從座而起稽首佛足，合掌恭敬而白佛言⋯⋯」

　　按：以前將此畫面理解為《寶雨經》中的月光天子禮佛，並將月光天子理解為女性，但天子多為男性，據《寶雨經》，月光天子也當是男性，是一人（而非三人）來禮佛的。

　　第二部分：稱地藏名　獲諸功德

　　《十輪經》序分提到地藏菩薩能「以不思議功德，成熟眾生⋯⋯莊嚴勢力，猶如雷震，於一食頃而能成熟無量億等那由他人，具足善根」。具體列出十三項，此十輪經變至少表現出其中的九種功德，集中分布在説法會西側。完整的畫面由眾生苦難、地藏乘雲來救助兩組畫面構成，其中比丘形地藏出現八次（7 身未持器物，1 身持寶珠，其中一身出現在東側。另外，説法會下有一身）。

　　1. 稱地藏名　餃食充足

　　畫面：在一座房屋內，六人相向而坐（似為 4 男面對 2 女），屋外立一女子。一比丘乘雲而來，無頭光。

　　考釋：序分記載：「若有眾生為無量億種種諸苦惱、飢渴切逼，有稱地藏菩薩名者，悉能令彼飲食充足，滅諸苦惱，置涅槃道，皆得快樂。」

　　2. 稱地藏名　所欲充足

　　畫面：一有頭光之比丘乘雲而來，前方飄撒瓔珞、衣服等，下方有九人，伸手接應。

考釋：序分記載：「若有眾生乏少衣服、寶冠、瓔珞，病瘦醫藥，種種眾具，若稱地藏菩薩名者，隨其所欲，皆令充足，安住涅槃道，得第一樂。」畫面表示稱地藏名而衣服、瓔珞等充足。

又：該經卷二「諸天女問四大品」中提到：「譬如善神有如意珠，能雨種種無量寶雨，有大利益。如是，善女天，此善男子復能雨於種種覺意，無量諸寶，皆悉遍施一切眾生。」但考慮到序分明確提到衣服、瓔珞，並考慮到周圍畫面出於序分，此畫面也應是表示序分內容。

按：或云此畫面表示《寶雨經》之「止蓋菩薩變化而成佛坐於雲中，向下布施」，但此「佛」是光頭，即比丘，而絕非是「佛」。

3. 稱地藏名具喜樂心

按：此內容的畫面待確認。序分記載：「若有眾生離喜樂心，而與不喜樂集會者，若稱地藏名者，一切樂具盡皆歸之，所不喜者亦悉遠離。是意所樂者，能令皆得，安住涅槃，得第一樂。」

4. 稱地藏名眾病悉除

畫面：在一座房屋內，二人坐著，其中一人垂頭喪氣、四肢無力狀，另一人雙手合十。旁邊三人侍立，前面一女子手捧一物（藥），三女子侍立。屋外，一比丘乘雲而來，有頭光。

考釋：序分記載：「若有眾生身心受苦，眾病所持。能稱地藏菩薩名號，身心苦惱，皆悉除愈，安置涅槃，得第一樂。」

5. 稱地藏名　除眾生惡心

畫面：一人叉腿，揮手指向另一人，被指者彎腰退縮，雙手舉於胸前作防護狀。一比丘乘雲而來，有頭光。

考釋：序分記載：「若諸眾生，惡心相向，能稱地藏菩薩名號，一心歸依者，令彼眾生柔和忍辱，更相慚愧，慈心懺悔，安住涅槃。」

6. 稱地藏名　解脫牢獄之難

包括四組畫面：（1）一人在屋內據案審判。（2）屋外一裸形者背縛而跪，旁立一人，雙手合十。（3）二彪形大漢毆打一裸形者，稍遠處立一人，雙手合十。（4）一人身被枷鎖。

考釋：序分記載：「若諸眾生系閉牢獄，枷鎖其身，具受眾苦。能稱地藏菩薩名號，一心歸依者，令諸眾生皆得解脫，自在無礙。乃至應被繫縛囚執鞭杖，能稱地藏菩薩名號，一心歸依者，亦復如是，皆悉解脫，安住涅槃，得第一樂。」

畫面表示被枷鎖者、被繫縛者、被鞭杖者念地藏名號而得解脫，其中畫面二、畫面三表示同一人在念地藏名前後之不同情形。

7.稱地藏名　斷除癲狂

畫面：一男子彎腰，準備攻擊一男一女，女子著時世妝，男子一手摟緊女子，另一手前伸，作抵擋、呵斥狀。

考釋：序分記載：「若有眾生諸根不具，疲極懈怠，癲狂放逸，忘失本心，貪慾嗔恚，愚痴嫉妒，慳吝邪痴，驕慢睡眠等惡皆熾盛，能稱地藏菩薩名號，一心歸依者，如是眾苦，皆令解脫，安住涅槃，得第一樂。」

8. 稱地藏名　解脫溺水、火焚、墜崖諸難

畫面：一人在水中、一人在火中、一人倒墜山崖。附近還有一人墜山崖，與此畫面相關。在墜崖的上部（象王本生之五比丘身後）有一比丘乘雲而來，光頭，有頭光，左手托寶珠，右手胸前做說法手勢。

考釋：序分記載：「若有眾生為大水漂流、猛火所焚，或墜高崖投身山險，或墜樹木及諸屋舍而身顛覆，有如是等無量怖畏，稱地藏菩薩名號，一心歸依者，有如是等怖畏之事，悉令解脫，安住涅槃，得第一樂。」其中有高崖、樹木、屋頂等多種墜落，畫面出現二組墜落，由於樹木畫得矮小以及沒有房屋，我們只能籠統地理解為高空墜落。

最重要的是，比丘穿袈裟，光頭、有頭光、手托寶珠，其地藏身分，無可置疑。

9. 稱地藏名　解脫蛇獸毒害

畫面：一人策馬逃逸、二人徒步狂奔，三蛇二猛獸（其一為獅子）追逐其後。

考釋：序分記載：「若有眾生為諸毒蛇、種種禽獸之所螫者，或被種種毒藥所中，能稱地藏菩薩名號，一心歸依者，是諸怖畏，悉得解脫。」

10. 稱地藏名　心境安穩

按：此內容的畫面待確認。序分記載：「若有眾生，為阿波魔羅（玄奘譯作「鬼魅」）掩蔽傷害，若一日二日三日，乃至四日，能令心狂、心亂、心戰、心調、心顛倒，乃至失心，能稱地藏菩薩名號，一心歸依者，如是族姓男女於諸怖畏悉皆解脫，安住涅槃，得第一樂。」

11. 稱地藏名　解脫羅剎之難

畫面可分為三組：1–1、三惡鬼捉拿、毆打三俗人，惡鬼裸上身，有尾巴。11-2、4 惡鬼圍攻一人。11–3、上方一比丘伸手作援助狀，比丘光頭，有頭光。

考釋：序分記載：「若有眾生，為諸羅剎惡鬼所捉，鳩槃荼所捉，富單那所捉，迦咤富單那，師子虎狼，惡毒蟲道，或為軍陣戰鬥，怨賊圍繞，臨敵懼死，貪生求樂。能稱地藏菩薩名號，一心歸依者，如是族姓子男女，遠離眾苦，悉除患難，安住涅槃，得第一樂。」按：羅剎、鳩槃荼、富單那、迦咤富單那均為鬼名，此四組畫面正好表示此四種鬼。

按：以前學者認為「這是菩薩變現作羅剎鬼身，以畏怖調伏有情」。

12. 稱地藏名　滿足諸願

畫面：一男子拉著一女子的披帛。

考釋：此畫面內容有待確定，從鄰近畫面推測，或當表示稱地藏菩薩名號，得女人。

序分記載：「若有眾生為多聞、為信、為戒、為施、為禪定、為神通、為解脫、為色聲香味觸、為諸功德、為工巧花果樹木敷具、為增益財利、為諸醫藥房舍屋宅、為使水雨順時、為得清涼；為求男、女、妻、子，方便修福；為除寒熱，令得正念。求如是等種種因緣，能稱地藏菩薩名號，一心歸依者，此善男子，威德力故，悉能稱彼無量眾生功德所願。」

13. 稱地藏名　獲微妙勝果

畫面：一人收割，一人肩挑莊稼。

考釋：畫面在東側雨寶下方，出處尚不能確定，疑表示序分：「譬如下種於彼荒田，能稱地藏菩薩名號，一心歸依者，皆悉變成微妙勝果。」

第三部分：變化諸身　方便説法

與觀音為方便説法而有三十三現身一樣，序品還宣稱地藏也有種種類似現身，並且內容更加豐富，有四十五現身，列表如下：

原經文	壁畫
或作自在天、大自在天、摩醯首羅天。或作欲界他化自在天、化樂天、兜率陀天、炎摩天、帝釋身、四天王身。（按：自在天、大自在天實即摩醯首羅天，玄奘譯本已作了修改，只稱「大自在天身」）	1. 三頭六臂神坐於須彌座。 2. 四臂神坐於須彌座。 3. 一倚坐菩薩。 4. 一神禪定。 5. 一神合十。 6. 一神說話狀。 7. 二神合十，在四天王之上，面向六臂神。 8. 四天王立像（第三身托塔）。
或作菩薩身；或作辟支佛身；或作聲聞身。	一菩薩說法；一佛禪定；一比丘禪定。
或作轉輪聖王身。或作婆羅門、刹利、毗舍、首陀等身。	1. 畫一輪，但無王者。 2. 一俗人，當即婆羅門。 3. 一人站立，衣服簡單，展出雙手。當為刹利。 4. 一窮人裸體，作步行狀。當為首陀或毗舍。
或作男身、女身；或作童男、童女身。	一男面對一女之畫面二組。
或作乾闥婆、緊那羅、摩睺羅伽、天、龍、夜叉身。	一神舉雙手；一龍；六臂神（其中二手舉日、月）及其前方三人。
或作羅刹身；或作鳩槃茶身；或作毗舍闍身；或作富單那身。	一人裸體在曠野狂奔。
或作師子身；或作虎、狼身；或作象身、馬身；或作水牛身；或作種種鳥身。	畫面在東側雨寶下方。一獅子；二大象；二匹馬；三水牛；一隻鳥。
或作閻羅王身；或作地獄卒身；或作地獄身。	畫面在東側雨寶下方。閻羅王在審判，旁立二吏；前方一牛頭鬼卒持刀看守一俗人；下方是刀山、蒺藜、餓狗、獄卒組成的地獄。

　　地藏四十五現身類似於《法華經・觀世音菩薩普門品》中的觀音三十三現身，所以早年將此經變擬為法華經變。但地藏的四十五現身包括六道，而觀音的三十三現身則基本上是善神（佛、辟支佛、聲聞、梵王、帝釋、自在天、大自在天、天大將軍、毗沙門、小王、長者、居士、宰官、婆羅門、比丘、比丘尼、優婆塞、優婆夷、長者婦女、居士婦女、宰官婦女、婆羅門婦女、童男、童女、天、龍、夜叉、乾闥婆、阿修羅、迦樓羅、緊那羅、摩睺羅伽、執金剛神）。當將此經變作為寶雨經變時，是用《寶雨經》卷三菩薩九種現身來解釋：「菩薩為欲利益彼人，方便調伏，化作種種諸有情類：應以大王身得調伏者，即現大王身而為説法；應以小王身得調伏者，即現小王身而為説法；應以婆羅門、刹帝利身得調伏者，即現婆羅門、刹帝利身而為説法；應以天身得調伏者，即現天身而為説法；應以執金剛身得調伏者，即現執金剛身而為説法；應以怖畏得調伏者，現作怖畏而為説法；應以繫縛殺害打罵得調伏者，即為示現如是等事而為説法；應以愛語得調伏者，即現愛語而為説法。」

地藏四十五變化身與六道的對應關係

或作梵天身成就眾生、或作自在天、大自在天、摩醯首羅天、或作欲界他化自在天、化樂天、兜率陀天、炎摩天、帝釋身、四天王身；	天道
或作菩薩身、或作辟支佛身、或作聲聞身、或作轉輪聖王身、或作婆羅門、刹利、毗舍、首陀等身、或作男身、女身、或作童男、童女身；	人道
或作乾闥婆、緊那羅、摩睺羅伽、天、龍、夜叉身；	阿修羅道
或作羅刹身、或作鳩槃茶身、或作毗舍闍身、或作富單那身；	餓鬼道
或作師子身、或作虎狼身、或作象身、馬身、或作水牛身、或作種種鳥身	畜生道
或作閻羅王身、或作地獄卒身、或作地獄身。	地獄道

按：許多菩薩有變化身，如：

（北涼）曇無讖譯《大方等大集經》卷三一記載東方有無量國，佛名五功德佛，曾與日密菩薩討論位於他們西方娑婆世界事，日密菩薩告訴佛說：「世尊，彼維摩詰即我身也。世尊，我於彼土現白衣像，為諸眾生宣說法要。或時示現婆羅門像，或刹利像，或毗舍像，或首陀像，自在天像，或帝釋像，或梵天像，或龍王像，阿修羅王像，迦樓羅王像，緊那羅王像，辟支佛像，聲聞像，長者像，女人像，童男像，童女像，畜生像，餓鬼像，地獄像，為調眾生故。」共提到 20 種變化身。

（東晉）難提譯《請觀世音菩薩消伏毒害陀羅尼咒經》提到觀音在六道救度眾生：「大悲大名稱，吉祥安樂人，恆說吉祥句，救濟極苦者。眾生若聞名，離苦得解脫，亦遊戲地獄，大悲代受苦。或處畜生中，化作畜生形，教以大智慧，令發無上心。或處阿修羅，軟言調伏心，令除驕慢習，疾至無為岸。現身作餓鬼，手出香色乳，飢渴逼切者，施令得飽滿。大慈大悲心，遊戲於五道，恆以善集慧，普教一切眾。無上勝方便，令離生死苦，常得安樂處，到大涅槃岸。」

（劉宋）求那跋陀羅譯《佛說菩薩行方便境界神通變化經》卷下中，佛向目連介紹說薩遮（一般譯作尼乾子）能廣化眾生：「是薩遮善男子作外道服，教化須彌塵數眾生，令發無上正真道心。作遮勒形服，化四天下塵數眾生，發於無上正真道心。作餘異道出家之像，化八十四恆河沙等眾生，發於無上正真道心。現聲聞形，化十恆河沙等眾生。示聲聞乘已，然後復化，令發無上正真道心。作緣覺像，教化眾生復過是數。菩薩形服，教化眾生復過是數。復作釋像，復作梵像，復作轉輪大王之像，復作護世像，復作緊那羅像，復作阿修羅像，復作迦樓羅像，復作摩睺羅像，復作人像，復作非人像，復作男

子像，復作女人像，復作童子像，復作童女像，復作地天像，復作即化生天像，復作仙人像，復作年少婆羅門像，復作比丘像，復作比丘尼像，復作優婆塞像，復作優婆斯像。目連，薩遮善男子教化眾生，如是甚多。」相同內容又見（北魏）菩提留支譯《大薩遮尼乾子所說經》卷一〇。

　　日本偽經《延命地藏經》卷上所述的地藏變化身是：「而時帝釋白佛言：『世尊，延命菩薩何化六道，得度眾生？』佛告帝釋：『善男子，諸法空寂，不住生滅，隨緣生故，色身不同，性慾無量，普為得度。延命菩薩或現佛身、或現菩薩身、或現辟支佛身、或現聲聞身、或現梵王身、或現帝釋身、或現琰魔王身、或現毗沙門身、或現日月身、或現五星身、或現七星身、或現九星身、或現轉輪聖王身、或現諸小王身、或現長者身、或現居士身、或現宰宦身、或現婦女身、或現比丘比丘尼優婆塞優婆夷身、或現天龍夜叉人非人等身、或現醫王身、或現藥草身、或現商人身、或現農人身、或現象王身、或現師子王身、或現牛王身、或現馬形身、或現大地形、或現山王形、或現大海形，三界所有，四生五形，無所不變，延命菩薩如是法身自體遍故，現種種身，遊化六道，度脫眾生。』」[26]

　　菩薩有多種變化身，但《寶雨經》只有九種變化身，其中沒有提到四天王、菩薩、男女、動物、地獄等等。《法華經》三十三現身中，只是提到「應以毗沙門天身得度者，即現毗沙門身而為說法」。也沒有提到四天王。所以現在用《十輪經》來解釋上述畫面，相當吻合。

---

26 見亮汰述：《延命地藏經鈔》卷上（這裡的「鈔」實際上是注疏。卷首目錄上云三卷，實為二卷），《日本大藏經》第 3 冊第 437–440 頁（出版時將第 31 冊誤作第 3 冊，所以一些圖書館的目錄上本經在第 4 冊）。

第四部分：十輪

《十輪經》中，地藏向釋迦牟尼佛提問佛法，佛以國王（灌頂大王）立國與治理國家的十種措施比擬佛的十種教化，是為「十輪」，玄奘譯本的相關內容就是「十輪品」，為卷二全文，而北涼初譯本則 1–5輪在卷二「發問本業斷結品第三」，6–10 輪在卷三「灌頂喻品第四」，顯然玄奘譯本更合理。

經變左下角（東下角）畫一座很大的院落，有許多人活動在大院內，其中上方側殿正中為榜題，榜題東側無人物，西側殿前有一人在跳舞，四人站立，似在伴奏。畫面中的榜題尚存有文字。一九八三年史葦湘先生發表《敦煌莫高窟的「寶雨經變」》一文時指出，其中有「爾時灌頂」諸字可識，這是極重要的發現。

史葦湘先生識出的「爾時灌頂」四字，《寶雨經》中無此四字其他佛經也很少提到這四字，而初譯本《十輪經》卷二「發問本業斷結品」中，灌頂大王第四輪中提及此四字：「爾時灌頂剎利大王常與國人同其飲食，而共戲樂，不相疑猜，心相體信，共行王法。是名灌頂大王第四輪也。」

經核對，壁畫上的這條榜題

▲ 圖 5　第四輪榜題

共三行，除少數字模糊外，可將全文釋讀出（圖 5）：

1. 爾時灌頂剎利大王常與國人同
2. 其飲食而共戲樂不相疑猜心相
3. 體信共行王法是名第四輪也
上述榜題正是《十輪經》

內容，只是最後一句將經文中的「是名灌頂大王第四輪也」省略了其中「灌頂大王」四字，這是本鋪經變為十輪經變的最直接證據。玄奘譯《十輪經》相關內容是：「時剎帝利灌頂大王常與群臣數數集會，共味嘉肴，受諸快樂，嬉戲遊行，不相猜貳，咸共疇咨，理諸王務。善男子，剎帝利種灌頂大王成就如是第四王輪。」比較得知，此鋪十輪經變是依據初譯本繪製的。畫面中的樂舞圖表示「灌頂剎利大王常與國人同其飲食，而共戲樂」。

既然我們肯定「第四輪」畫面，則周圍其餘畫面有可能就是其他九輪，試將周圍壁畫內容用十輪來解讀。

1. 第一輪

畫面：位於主說法會東側中部。

1–1　軍隊出行。畫一城牆，外圍有護城河，城門與護城河之間似乎有人群。眾多騎兵行進在山巒間，向城牆進發。最前有一俗人作嚮導，三人迎接（只穿犢鼻褲，二人站立合十，一人跪地）。

1–2　得醫圖與菩薩。正面房屋內一人坐於胡床，身後有二侍女，前面一老人拄杖而來。似乎坐於胡床者為病人，拄杖者為醫生。屋頂有一比丘乘彩雲而來，無頭光（說見下）。

1–3　飲食男女。側面一房屋內站立一男一女，男子向女子伸左

手；二房屋之間處站立一男一女，男子雙手合十面對女子；屋後二女在製作食品，一女蹲著推磨、一女站立雙手捧一盛器（罐）；房屋側面站立一男，雙手下垂，不持物。

1-4 鬥訟與打獵。房屋前面為院子，一人肩荷一動物，一人肩挑二動物；二男在打架，一男裸上身，徒手，另一男彎腰，右手持刀砍對方右腿，附近站立一女子，作勸說狀；二男站立，之間有一狗；稍遠處的山間一男狂奔，後有一男追殺；屋後曠野，二人騎馬各射殺一動物，一人徒手捕捉一動物。

考釋：軍隊出行，史葦湘先生定為《寶雨經》卷一○之「長壽天女出行」，現在試用第一輪來解釋上述內容。軍隊出行圖可能表示：「善男子，譬如有人，遠離功德。世界國土，或自境內，而有軍起，或為鄰國外來強兵之所戕害。」得醫圖表示「有種種病，愚闇所蔽，目視不了」。其餘畫面我們用下面一段經文來解釋：「善男子，若人處於五濁諸惡世界，遠難於佛。是故此中一切眾生，心多瞋恚，更相侵逼。一切人民，皆悉愁惱，愚闇痴冥，起於斷常。種種鬥訟，貪嫉諂偽，作諸欺誑，悉具十惡。取著眾生，惱亂人民。種種煩惱，及諸過患。是故遠離甚深法眼，為瞋恚病之所擾害。心常遠離，棄捨真實一切法味。意想散亂，譏訶善法，樂所愛味，常為煩惱及諸邪見惑網所覆。歸依六師，傷敗聖道，趣向三惡。有諸菩薩摩訶薩，已曾親近供養過去無量諸佛，能度一切智慧大海，安住諸佛所行之道，皆悉集會到於我所。」打架表示「種種鬥訟」。男女面對相處的畫面不好理解，可能表示三惡、十惡：「作諸欺誑，悉具十惡。」「歸依六師，傷敗聖道，趣向三惡。」製作食物畫面可能是表示「樂所愛味」：「心常遠離，棄捨真實一切法味。意想散亂，譏訶善法，樂所愛味，常為煩惱及諸邪見惑網所覆。」打獵表示「取著眾生，惱亂人民」。畫面中的比丘應當

就是地藏，表示「有諸菩薩摩訶薩……皆悉集會到於我所。」

2. 第二輪

畫面：位於主説法會東側上部（寶雲的下部）。

2-1　修建房屋。位於寶雲下方。畫三座房屋，中間一座，二人在屋頂，二人在地面，作遞物狀，顯然這是表示修建房屋。

2-2　灌頂大王。左下方房屋內坐二人，其中一人披風帽，屋外有一男一女，男子合十站立，望著屋內人，作稟告狀，女子蹲在地上，背朝屋內，似在製作東西。右側房屋內坐二人，形像如同左下方房屋內的二人，但披風帽者後面站立一侍者。

2-3　農耕。上方畫二農夫，一作收割狀，一挑著莊稼，上方有三牛（一隻躺著二隻在吃草）。

2-4　管理僧事（齋僧、誦經、燃燈）。農耕附近畫一人站立，舉手合十禮拜一佛塔。農耕右下方畫有二座房屋，東側房屋內有三僧，屋外一女跪於地製作食物，一男站立左手托舉一盤。稍遠處一人站立合十，形像較大，前面一人跪著合十，一人跪著，伸右手，似遞一物給站立者，附近還站立一男，舉右手（動作不明）。西側一房屋內坐二男，一男持經卷誦經，一男在寫經。屋外有二女，之間有一燈輪，一女站立，雙手伸出，作點燈狀，一女蹲在燈座下，似在固定燈座（或取燈油？）。屋下方一男站在一塔前（禮拜？但有扭身姿態，很奇特）。二屋之間的上方有一塔，一男合十禮拜，一女站立合十。

考釋：試用第二輪來解釋上述內容。建造房屋、房屋內有人居住（疑披風帽者為灌頂大王）、農耕，表示「如灌頂王剎利，為護命故，防備怨敵，與他戰鬥，經營王宮，及諸國土，一切奉祿，人民產業，是名灌頂大王成就第二輪」。即建造房屋表示「經營王宮」，耕作表示經營「人民產業」，這些是灌頂大王的第二輪。誦經、抄經、禮拜佛

塔、燃燈表示：「坐禪誦經，營理僧事。」「善男子，有少信心微薄善根，於世諦中善根未熟，令彼眾生於初中後夜，以時誦習修禪喜悅求無上智。我於爾時安置大乘修習禪定，讀誦受持，種種供養。自誦教人誦，自說教人說自供養，教人供養，自住大乘亦教人住大乘，互相教化滅諸煩惱。」即誦經、燃燈表示「讀誦受持，種種供養」。屬於佛教的第二輪。燃燈圖在第七四窟十輪經變中也有。

3. 第三輪

畫面：位於經變東下角大院內，除上述第四輪內容外，大院內還有以下一些內容。

3-1　奴婢僕使。院落正中大殿後的院子內一人坐屋內床上、旁站立二侍從。一男一女依偎站立廊下。一人在殿外作步行狀，並回首與身後站立的四侍從交談。最後一組人物後面的空處有一方榜題。

3-2　灌頂大王。大殿內，一人交腳而坐，旁並坐一人（夫人？），有二人侍立。殿前，一人面大殿跪於地，身後站立六人，指手劃腳狀。殿外一角站立四人，其中一人持一旗（另有一旗似乎是插在身後的地上）。

3-3　財物謫罰。殿外下方有一人似坐在方几（胡床）上，前面有二人，一人向他遞交一長物，後一人躬身，似合十致禮。畫面之間有一方榜題。

3-4　增益國土。城門外有一人騎大紅馬，有華蓋，身後有一方榜題。

考釋：畫面二和畫面三中的榜題已經漫漶，但面積都較大，筆者懷疑畫面1-3為第三輪內容，經記載：「善男子，譬如灌頂剎利王，沙門、婆羅門、毗舍、首陀，諦善觀察，誰有勇健，種種伎能，多聞持戒，善知分別。有功德者，方便智慧，能勤精進，堅固不退，種種福

德，而自莊嚴。於是眾中作灌頂剎利王，隨其相貌金銀珍寶倉庫谷帛，及諸田宅奴婢僕使，皆悉給與此國。若有於眾生中能持戒者，如此眾生亦給短乏。若有眾生不持戒者，少於精進，懈怠懶惰，忘失正念，無慈愍心，亦無返復。不畏後世，在欲淤泥。如是灌頂剎利大王，隨其事相，謫罰安慰，或以教令謫罰，或以系閉謫罰，或以財物謫罰，或復有奪種種產業，或有罰其鞭杖，或有截其支節，或有斬其身首，有如是等無量教授，是名灌頂剎利大王第三輪也。能令增益己之國土，降伏一切諸惡外敵，守護身命，令得長壽。」即畫面一可能表示臣民奉獻灌頂剎利王，「隨其相貌金銀珍寶倉庫谷帛，及諸田宅奴婢僕使，皆悉給與此國」。畫面二表示「灌頂剎利大王，隨其事相，謫罰安慰」。畫面三表示「或以財物謫罰」。畫面四也不好解釋，暫以守護國土來解釋（「增益己之國土，降伏一切諸惡外敵。」）

4. 第四輪

見前文。以下內容由於畫面模糊，筆者的解讀比較勉強，需要進一步考察。

5. 第五輪

畫面：位於主說法會的下層，群山環繞下的獨立畫面，內容較多。

5–1　一座高大城牆，不能辨認出城牆上面是否有人物，城門前有二人跪著，還有一人似在射箭，對應一面似一人持盾牌抵抗，之間似橫著一死屍。

5–2　山巒中有約十人騎著馬匹，朝著城牆前進，前面有一方榜題。

5–3　上方似一坐佛與眷屬（佛前一人跪著面向前方，餘二人在佛後面），前面有一方榜題。

5–4　城牆後面的山中有一座佛塔，無榜題。

5-5　城牆下方，一老虎在奔跑，周圍有二條榜題。

5-6　老虎上方有一禪定坐佛，旁有榜題。

考釋：這組畫面不好解釋，第五輪的內容是：「善男子，譬如灌頂大王，能令己國及他人民，若自妻色，心無厭足，於他產業，並諸妻色，皆生貪著。守護城郭，禁諸雜物。國土村邑，及以王宮，乃至戍邏，皆悉遮制，緻密堅固。善男子，是名第五灌頂大王禁制輪也。時灌頂王如是成就輪已，能令外諸怨敵，皆悉降伏。亦使己國，常得增長，救護身命。」「如來世尊善守六根，住四梵處，教諸聲聞，或以四念處，以四辯才為說聲聞三解脫門。如是如來有若干種，或以世間法及出世間法，能令一切如實而知。善男子，是名如來第五輪也。如來修如是輪，以出世間智，令他眾生，種種歸依。」即畫面一城牆、畫面二行軍表示灌頂大王「守護城郭，禁諸雜物。」畫面 3-6 表示如來的第五輪（畫面中的老虎大約是表示「令他眾生，種種歸依。」）

6. 第六輪

畫面：位於主說法會右側地藏的下方，一座蜿蜒的長城與第五輪畫面分割出來。主畫面是一座宮殿，內有多人，正中坐著一人（國王），舉右手吩咐狀，周圍站立約六七個侍從，殿前二人面對國王合十跪著，下方是榜題。周圍還有若干小畫面。

6-1　榜題左側是有頭光的坐佛，右側是站立的俗人。

6-2　最上方畫「惱怒說法師」，位於經變主體說法會下方，一法師坐高座，二比丘二居士為一組，坐於兩側。前方站立一人，祖露半胸（似與袈裟有別），面向法師，揮臂作說話狀，上方有榜題。

6-3　與畫面二並列一側畫一俗人合十跪對一坐著的女人（菩薩？），下方是榜題。

考釋：這組畫面也不好解釋，第六輪的內容是：「善男子，譬如灌

頂剎利大王。諸秘要法守護之事皆悉備已，然後與諸宮人彩女而自圍繞，遊戲五欲，放逸自恣，不攝六根，肆情快樂，是名灌頂剎利大王第六輪也……爾時如來人三昧已，無量億那由他天、龍、夜叉、乾闥婆、阿修羅、迦樓羅、緊那羅、摩睺羅伽、人非人等，餓鬼、毗舍闍、富單那、迦咤富單那，粗弊惡心，其意很戾，無有愍傷，於諸眾生，不起慈心，言無後世。而彼見我人一切佛行處三昧，故得勝歡悅，於諸三寶得最勝盛，愛樂歡喜尊重恭敬得未曾有，離一切惡，心多悔過，於一切種無量無數業障煩惱障法障，於一剎那頃悉能滅盡，功德智慧皆得具足，背離生死，趣向涅槃，一切皆悉護持佛法，是名如來第六輪也。」主要畫面的宮殿生活可以理解為經文中灌頂剎利大王「諸秘要法守護之事皆悉備已，然後與諸宮人彩女而自圍繞，遊戲五欲，放逸自恣，不攝六根，肆情快樂，是名灌頂剎利大王第六輪也。」惱怒說法師畫面也不好解釋，似乎屬於第五輪「誹謗聲聞」內容：「如是種種誹謗毀訾，而口惡罵於佛法僧，為諸利養眾因緣故，而生嫉妒誹謗聲聞。」但畫面距離第五輪較遠。

7. 第七輪

畫面：位於主說法會下方，畫一長城，有瞭望臺，下方有一人站立，面對城牆。

考釋：畫面大約表示灌頂王巡守國土，經文：「善男子，譬如灌頂剎利大王，與四兵眾，一切己國城邑聚落園樹田澤泉池溪谷丘澗及諸曠野，遍觀己國。於其中間，所有產業，若於彼處，多有疑畏敵國怨賊，剎利大王，便隨其處，置同心人，防諸怨賊，善守己國，令得安樂，是名剎利灌頂大王第七輪也。」

8. 第八輪

畫面：位於第六輪的宮殿下方。內容有：（1）畫二人正在摔跤（打

架？）。（2）西側有一人在行走，前面有一人在揮手，似乎表示引路。兩者之間有一榜題。

考釋：內容不能確定，暫以第八輪解釋：「善男子，譬如灌頂剎利大王，為諸眾生，念先種姓，幼小嬉戲，所生之處，及諸澡浴，偃臥飲乳，剪治手足，一切爪甲，案摩支節，乃至戲弄灰土，供奉事者。習學無量種種伎術，遊行他國，晨夜住處，敬事王者，及諸大臣，並作太子，至今登位，得為大王，受諸娛樂，自在無礙。爾時諸方四維上下有大音聲說偈讚歎，願使常以正法治國，不惱眾生，為護國土故，是名剎利灌頂大王第八輪也。」摔跤畫面似乎表示「幼小嬉戲」或「習學無量種種伎術」，行走者與引路者似乎表示「遊行他國」。

9. 第九輪

畫面：位於西下角。內容有：（1）一俗人站立，舉雙手合十，上方有雲彩，前面有榜題。（2）山中有二身禪定坐佛，身後各一榜題。（3）一人乘紅馬，前面一方榜題。（4）下方一人騎紅馬，回身揮手吆喝後面的一頭負重的駱駝，後面一人步行，牽著一匹負重的馬（變色）。

考釋：內容不能確定，暫以第九輪解釋：「如是灌頂剎利大王，勤修一切身口業善，好行布施飲食衣服、象馬乘騎、臥具醫藥，種種所須。乃至給使奴婢僮僕，皆悉施與。並舍頭目及諸手足，不惜身命，悉斷殺生偷盜邪淫妄言惡口兩舌綺語貪瞋邪見。如是灌頂剎利大王，有十種利益。護善名稱而得財業，身相微妙多得眷屬，少病少惱得賢智眷屬，趣向善處皆悉供給，親近供養名聞十方，一切皆為說偈讚誦，諸大天神悉來擁護，身壞命終得生天上，是名灌頂剎利大王第九輪也。」俗人禮拜畫面似乎表示「一切皆為說偈讚誦」。駝馬畫面似乎表示「好行布施飲食衣服、象馬乘騎」或「護善名稱而得財業」。二身

禪定佛也不好理解，佛的第九輪是：「如來善知眾生諸業因緣，如來於諸眾生，悉能發於大慈大悲，常勤精進，現三種神通，能令安住世間出世間信。何等為三？一者神通，二者說法，三者知他心。以此三種神通令諸眾生安置世間出世間信，知一切趣一切有為一切受生，皆得解脫。善男子，是名如來第九輪也。」

10第十輪

畫面：位於西下角第九輪下方。內容比較模糊，大約有：（1）一建築（模糊，似乎是塔）。（2）上方較遠處有一禪定坐像（無背光，佛像？）。（3）佛像與建築之間畫有動物和其他內容（屍體？），動物上方有榜題。

考釋：內容不能確定，暫以第十輪解釋：「善男子，譬如灌頂刹利大王，於四天下，一切眾生為病所惱，棄捨王位，以種種香湯而以澡浴，洗沐頭髮，著鮮淨衣，端坐思惟，為除一切眾生病苦皆得解脫……善男子，是名轉輪聖王第十大輪也。」如是，則禪定者應為灌頂大王在「端坐思惟」（雖然沒有背光，但仍有點類似佛像，筆者一時難以確定）。但也有可能表示如來第十輪中佛在禪定：「善男子。如來從初發心已來，於己身命乃至他身，所有煩惱，若干種病，悉以禪定淨水洗浴，以如實法大慈大悲溉灌其頂，著慚愧衣，十方如來以禪定智力、大精進力、無量方便定意觀察，欲滅一切眾生煩惱，種種過患。」

我們注意到經文中的一到三輪內容比較多，占全部十輪篇幅的五分之二以上，而後面七輪只占五分之三。如上述十輪畫面比定無誤，則壁畫上也大致體現了經文詳略。由於畫面人物較小，多數漫漶，加上筆者對經文內容理解不夠，一些畫面的解讀尚需進一步推敲。

第五部分：剎利旃陀羅現智相品

《十輪經》卷四只有一品，即「剎利旃陀羅現智相品第六」，此品

為佛答地藏菩薩所問，內容涉及末法思想，所以為地藏菩薩信仰者所重視，十輪經變有較多描繪，所以單獨考察。

1. 象王施牙本生

畫面：二隻大象在山的一側，五比丘在山的另一側，最前面的比丘引弓待發。大象與比丘之間是一方大榜題（漫漶）（圖6）。

▲ 圖6　象王本生

考釋：畫面表示卷四「刹利旃陀羅現智相品」中的象王本生：往昔迦屍國國王梵摩達多敕令五旃陀羅到雪山下取六牙白象王之牙，於是五旃陀羅身著袈裟，化裝成沙門，接近象王。「母象見之張弓挽箭，生怖畏心，語象王言：此是獵師。今已張弓挽箭而來，將非我等命欲盡耶？」象王見這些人身著袈裟，不肯相信，最後身中毒箭。當象王得知旃陀羅意欲求象牙時，即自拔象牙相與。此象王即現在的釋迦，釋迦講完故事後說：「我於往昔曾見如是畜生身中，求無上道，能作如是，不惜身命，為護佛法，終不於被著袈裟者而作留難。」

　　佛經中有不少象王故事，其中有若干獵師獵象故事（《六度集經》卷四、《雜寶藏經》卷二、《雜譬喻經》卷上、《大智度論》卷一二），內容類似，但均為一獵師獵象，未及五獵師之數，本經變中出現五比丘、二大象的畫面，其中一比丘還作射獵狀，我們可以完全肯定這組畫面的經文依據即是《十輪經》卷四「剎利旃陀羅現智相品」，這也是我們確定整鋪經變為十輪經變的重要依據。

　　這是《十輪經》中著名的故事，玄奘譯本序也提到此故事：「是以菩薩示聲聞之形，象王敬出家之服。」此象王本生既表示佛教崇高，又與末法思想有關，曇無讖譯《大般涅槃經》卷七「如來性品」中曾提到：「佛告迦葉：我般涅槃七百歲後，是魔波旬漸當沮壞我之正法，譬如獵師身服法衣，魔王波旬亦復如是。作比丘像、比丘尼像、優婆塞像、優婆夷像，亦復化作須陀洹身，乃至化作阿羅漢身及佛色身，魔王以此有漏之形作無漏身，壞我正法。是魔波旬壞正法時，當作是言：菩薩昔於兜率天上沒，來在此迦毗羅城白淨王宮，依因父母愛慾和合，生育是身。若言有人生於人中為諸世間天人大眾所恭敬者，無有是處。又復說言往昔苦行種種，布施頭目、髓腦、國城、妻子，是故今者得成佛道，以是因緣，為諸人、天、乾闥婆、阿修羅、迦樓羅、緊那羅、摩睺羅伽之所恭敬。若有經律作是說者，當知悉是魔之所說。」這種末法景觀和「寧人負我、我不負人」的思想，與三階教思想相一致。十輪經變的畫面多取自序分內容，而此處突然出現卷四內容，使人不能不想到與三階教的直接關係。

　　2. 狂象與罪犯故事

　　按：第三二一窟無，見於第七四窟。

　　上述可用《十輪經》解讀的畫面占全部經變的百分之九十以上，若干小畫面的情節或需要進一步推敲，但不影響對本經變的判斷。

三　莫高窟第七四窟的十輪經變

第七四窟南壁通壁畫千佛，北壁內容未定名，如果與第三二一窟南壁內容比較，就可判斷是同一經變。

第一部分：主體說法會

第七四窟十輪經變的主體說法會完全不同第三二一窟的構圖：

1. 主尊雙樹下說法，菩薩、天神侍立兩側，而弟子則位於上述諸神下方，有別於其他經變（緊挨主尊）。下方畫面已經殘毀（應為請問）。其中右側大菩薩化佛冠、坐姿，左側大菩薩寶瓶冠、坐姿，顯然接受了西方淨土圖像中的觀音、大勢至形像。天神、菩薩之間還有有一身佛，難以理解（受到彌勒三會的影響？初唐第二○五窟北壁彌勒經變的主尊兩側的的眷屬中也各有一佛）。天神有龍冠神（龍神）、象皮冠神（毗那夜迦？）、金翅鳥冠（類孔雀，鳥嘴，迦樓羅），以上東側；蛇冠神（跪著合十，摩睺羅伽）、鹿皮冠神（在榆林窟五代一些洞窟中還可見到一些鹿皮冠護法神）、四臂神（雙手胸前合十，外二手上舉日月，阿修羅）、持劍神（乾闥婆？）、持二胡神（緊那羅）等，以上西側，共 8 身，可能還是天龍八部。其中的鹿皮冠神我們在以後的敦煌畫中可以見到，如榆林窟五代第 38 窟北壁天請問經變中就有一身（該經變中還有獅皮冠神）。

2. 主尊兩側各有一菩薩，身後向上升起五條彩雲，雲頭各有一佛，當表示十方諸佛。

3. 主尊身後是大海，各有五龍王吐氣（摩羯魚？）。此畫面非《十輪經》內容，我們卻可在彌勒經變中見到（盛唐第 33 窟、中唐第 231 窟）。

4. 上方是兜率天宮，彌勒倚坐說法，周圍有伎樂，還畫出三身天王，此畫面顯然又接受了當時的彌勒上生下生經變的影響。

　　第七四窟十輪經變中只有兩側的小畫面與第三二一窟十輪經變吻合。說法會中西方淨土、彌勒淨土等因素在敦煌壁畫中屬孤例，我們還沒有合適的解釋（也許三階教被禁止後，三階教徒隱晦地表示十輪經變。南壁通壁畫千佛、東壁門北畫地藏與觀音並列像似乎與三階教存在關聯，值得進一步研究）。

　　第二部分：其他內容

　　從主體說法會畫面是無法確定此經變為十輪經變，而兩側的小畫面約有二十幅，多數與第三二一窟相同。

　　西側遠多於東側，或許設計失當。主要畫面有：

　　1. 雨寶

　　畫面：上層兜率天宮兩側有衣服、布帛飄落。

　　2. 稱地藏名　所欲充足

　　畫面：地藏乘雲而來，揮手施捨諸寶，下方數人接應。

　　3. 稱地藏名　解脫火焚難

　　畫面：一人在火場內掙扎，地藏乘雲而來。

　　4. 稱地藏名　解脫墜崖難

　　畫面：一人墜崖。按：此與上一畫面內容在一處，因畫面相距較遠，分二處解釋。

　　5. 稱地藏名　解脫羅剎之難

　　畫面：（1）一羅剎殺一人。（2）一羅剎撲向一俗人。（3）一羅剎攻擊二俗人。（4）上方地藏乘雲救度。

　　6. 稱地藏名　解脫蛇獸毒害

　　畫面：（1）蛇、獅子追一人。（2）老虎、蛇等圍繞一俗人，俗人跪於地，雙手合十。（3）地藏乘雲救度。

　　7. 上一畫面下方又畫一交腳坐羅剎；二俗人對話；眾獸圍繞一俗

人、上方地藏乘雲而來。似乎仍表示「解脫羅剎之難」「解脫蛇獸毒害」。

以上內容見於第三二一窟，幾乎完全相同。

8. 狂象與罪犯故事

畫面：一人雙手被捆綁，蹲於地，三象圍繞。

考釋：第三二一窟沒有此畫面，疑表示卷四「剎利旃陀羅現智相品」中的狂象與罪犯故事：「過去有王，名曰福德，若人有犯罪過者乃至繫縛，爾時彼王不欲奪人身命，有輔相大臣語王：莫愁，若殺此人，或能令王而得大罪，大臣自以智慧將付狂象。爾時狂象捉其二足，欲撲其地，而見此人著染色衣故，狂象即便安徐置地，不敢損傷。」以此故事說明過去時代動物見人穿袈裟而起敬心，不加傷害。而末法時代，居然有人傷害出家人，「乃至未來世，若有旃陀羅王，見我法中，有人出家，堪任法器及不成法器，故作逼惱或奪其命。」

9. 畫面最上方，有一俗人對一俗人畫面二組，內容待確定。

東側存有約五組畫面，自上而下有：

畫面一：一俗人站立，旁邊畫面漫漶，內容待考。

畫面二：一庭院，有數人，表示齋僧。內容見第三二一窟。

畫面三：庭院中間有一燈架，數人或蹲或站，正在燃燈。內容見321窟。

畫面四：一男子持一物。內容待考。

畫面五：數人在房間中，似攙扶床上人。內容見三二一窟。

四 後論

最後我們還得考慮以下幾個相關問題。

1. 第三二一窟的年代問題

前面提到，樊錦詩、劉玉權《敦煌莫高窟唐前期洞窟分期》一文認為第三二一窟建造的時間「在高宗、武則天時期」，「晚不過中宗神龍時期」。第七四窟等窟則「多始建於安定的玄宗天寶時期……晚不過代宗初期。」史先生將第三二一窟的年代具體到六九五年到六九九年之間，但未加任何說明，我們不知這一上下限的理由（按：文中提到敦煌遺書中的六九五年《寶雨經》寫經，但沒有 699 年事）。

上述關於第三二一窟年代問題均受到「寶雨經變」的影響，若將「寶雨經變」這塊磚從中抽掉，「武周說」就搖搖欲墜。現在，我們從十輪經變角度來探討第三二一窟的年代問題。

第三二一窟不可能開鑿於武則天時期，因為武則天是反對三階教的，主要資料有四條。

（1）李貞信仰三階教可能影響了武則天對三階教的態度。垂拱四年（688）八月，唐太宗第八子越王李貞、子李衝起兵反對武則天，九月兵敗，「飲藥而死」，事見《舊唐書》卷七六本傳（卷六《則天皇后本紀》云父子被斬首：「斬貞及沖等，傳首神都，改姓虺氏。」）李貞生前曾撰有《隋大善知識信行禪師興教碑》（《信行禪師興教碑》[27]），立碑時間則到了武則天死後的神龍二年（706），顯然立碑與《舊唐書》本傳記載「神龍初，追復爵土，與子沖俱復舊姓」有關。《則天皇后本紀》又記載：「至是（688）宗室諸王相繼誅死者，殆將盡矣。其子孫年幼者咸配流嶺外，誅其親黨數百餘家。」這被滅的數百家中，我們懷疑有三階教徒梁寺夫婦。《大唐故朝議郎行澤王府主簿上柱國梁府君並夫人唐氏墓誌銘並序》記載垂拱四年九月二十七日、十月五日，唐

27　《金石錄》卷五第 866、867 條記錄：「越王貞撰，薛稷正書，神龍二年八月。」「在長安縣西北八里。」

氏、丈夫梁寺相繼而卒，葬信行禪師林側，年僅三十六、四十一歲。[28]
他們相繼英年早卒，或與跟隨諸王有關（與李貞同月死），但垂拱四年
的死亡名單中沒有高宗第三子、澤王李上金，他二年後才被殺，《舊唐
書》卷六「則天皇后本紀」記載初元年（689，「秋七月，殺隨州刺史
澤王上金、舒州刺史許王素節並其子數十人。」但卷八六列傳中云澤王
上金是「自縊死」。

（2）檢校化度寺、大福先寺的無盡藏。《金石萃編》卷七一《淨域
寺法藏禪師（637-714）塔銘並序》記載：「如意元年（692），大聖天
后聞禪師解行精最，制請於東都大福先寺檢校無盡藏。長安年間
（701-704）又奉制請檢校化度寺無盡藏。」所謂「檢校」，《唐律疏議》
卷二記載：

　　問曰：依令：「內外官敕令攝他司事者，皆為檢校。若比司，即為
攝判。」未審此等犯公坐，去官免罪以否？
　　答曰：律云：「在官犯罪，去官事發；或事發去官，犯公罪流以下
各勿論。」但檢校、攝判之處，即是監臨，若有愆違，罪無減降。」

　　法藏對二寺無盡藏的「檢校」，當屬「監臨」。化度寺的無盡藏規
模很大，《太平廣記》卷四九三記載人們對化度寺的施捨是：「士女禮
懺闐咽，施捨爭次不得，更有連車載錢絹，捨而棄去，不知姓名。」
「舍施錢帛金玉，積聚不可勝計。」《兩京新記》卷三記載化度寺：「寺
內有無盡藏院，即信行所立，京城施捨，後漸崇盛，貞觀之後，錢帛
金玉積聚，不可勝計，常使名僧監藏……武太后移此藏於東都福先
寺，天下物產，遂不復集，乃還移舊所，開元元年（713 年，按：一般

28　周紹良：《唐代墓誌彙編》「垂拱」第 65 條，上海古籍出版社 1992 年版。

學者認為當為開元九年之誤，七二一年。因為《全唐文》卷二八《分散化度寺無盡藏財物詔》云開元九年敕令拆除無盡藏），敕令毀除，所有錢帛供京城諸寺修緝毀壞，其事遂廢。」[29]由於武則天常居東都洛陽，所以將西京化度寺的無盡藏遷移到東都福先寺後，又遷還西京化度寺。法藏「檢校」無盡藏，可能就是《兩京新記》所說的「常使名僧監藏」，但更可能負責將無盡藏來回搬遷之事。武則天可能見無盡藏規模宏大，而用此方法削弱之。經此折騰「天下物產遂不復集」，無盡藏元氣大傷，至七二一年敕令毀除。

（3）將三階教的文獻列為「偽雜符錄」。《開元釋教錄》卷一八記載：「我唐天后證聖之元（695）有制，令定偽經及雜符錄，遣送祠部。集內前件，教門既違背佛意，別稱異端，即是偽雜符錄之限。」

（4）限制三階教徒的行為。《開元釋教錄》卷一八又記載：「准天后聖歷二年（699）敕，其有學三階者，唯得乞食、長齋、絕谷、持戒、坐禪，此外輒行，皆是違法。我開元神武皇帝聖德光被，普洽黎元，聖日麗天，無幽不燭，知彼反真構妄，出制斷之。開元十三年（725）乙丑歲六月三日，敕諸寺三階院並令除去隔障，使與大院相通，眾僧錯居，不得別住，所行集錄悉禁斷除毀。若綱維縱其行化誘人而不糾者勒還俗。幸承明旨，使革往非，不敢妄編在於正錄，並從刊削，以示將來。」

也就是說，三階教的五次遭禁（600、695、699、721、725年），有兩次發生在武則天時期，期間還有兩次檢校無盡藏事件，若十輪經變與三階教有關，則第三二一窟當不可能繪製於武則天時期，第三二一窟年代問題需要重新考慮。

29　平岡武夫編：《唐代の長安と洛陽》資料篇，同朋舍1977年版，第192頁。

　　先考察敬愛寺的年代問題。《歷代名畫記》卷三記載：「敬愛寺是中宗皇帝為高宗、武后置。」中宗在位時間在七〇五至七一〇年，有神龍（705–707）、景龍（707–710）二年號。但敬愛寺似乎建於中宗即位之前，因為道世《法苑珠林》卷一〇〇記載：「顯慶之際（656–661），常令玄奘法師入內翻譯，及慈恩大德，更代行道，不替於時。又出詔為皇太子西京造西明寺，因幸東都，即於洛下又造敬愛寺。寺別用錢，各過二十萬貫。寺宇堂殿，尊像幡花，妙極天仙，巧窮神鬼。又為諸王公主於西京造資戒、崇敬、招福、福壽二十餘寺。爰敕內宮，式摸遺影造繡像，一格舉高十有二丈，驚目駭聽，絕後光前。」顯慶年間的皇太子是李弘，高宗第五子，六五六年封皇太子，六七五年卒，諡孝敬皇帝，曾於六六三年編成《瑤山玉彩》五百卷。道世於六六八年撰成《法苑珠林》，可以說他與皇太子李弘是同時代人，所記資料較可靠。依據道世《法苑珠林》記載，敬愛寺當敕建於顯慶年間（656–661），張彥遠弄錯敬愛寺的建造者與時代。這裡還有一個問題：裴孝源《貞觀公私畫史》十分簡單地記錄四十七所佛寺名，其中有：「隋敬愛寺，孫尚子畫，在洛陽。」《畫史》完成於貞觀十三年（639），所記載的敬愛寺與顯慶年間新建的敬愛寺有別，或後者在前者基礎上改建而成。[30]敬愛寺建成後代有續修，《歷代名畫記》所記畫跡多在聖歷以後，提到該寺聖歷（698–700）前後、開元三年（715）、開元十二年畫事，如「大殿內東、西面壁畫劉行臣描。維摩詰、盧舍那，並劉行臣描，趙龕成。自餘並聖歷已後（劉行臣子）劉茂德、皇甫節共成。」疑該寺十輪經變的時代也在「聖歷已後」。

　　為何在敬愛寺畫十輪經變？可能與三階教在武則天之後得到恢復有關。中宗時期的三階教資料，除前述立李貞撰《信行禪師興教碑》

30　王惠民：《洛陽敬愛寺考》，《唐研究》第 12 卷 2006 年。

外，還有化度寺在七一〇年舉辦無遮大會。《舊唐書》卷七記載景龍四年「正月乙卯，於化度寺門設無遮大齋」。按：在此糾正一下《佛祖統紀》的一個錯誤。《佛祖統紀》卷四〇「（神龍）四年」記載「詔於化度寺設無遮大會」，神龍無四年，神龍四年相當於景龍二年（708）。但《佛祖統紀》無景龍年間記事，參《舊唐書》卷七，此「四年」應為景龍四年，即七一〇年。另一證據是，《佛祖統紀》又記載僧伽卒於是年，而其他文獻記載僧伽卒於景龍四年。

雖然三階教在隋代就流行，七世紀六〇年代開鑿的三階教金川灣石窟就刻《十輪經》，但第三二一窟的年代上限為武則天時期，下限也在盛唐早期因為：

（1）密教造像在武則天時期才開始流行，如十一面觀音，而第三二一窟東壁門北有此觀音畫像。正倉院藏的垂拱二年（686）武則天寫經題記，全文如下：「《造菩薩願文》卷第八。垂拱二年十二月四日，大唐皇太后奉為高宗大帝敬造繡十一面觀世音菩薩一千鋪，願文一首。奉為先王先妃造十一面觀世音菩薩，願文一首。奉為（下缺）。」[31] 此像早已不存。現存最早的有具體年代的十一面觀音像是武周天授二年（691）杜山威造像。萬歲通天二年（697）武則天征討契丹，法藏建十一面觀音道場，竟然退敵，而改年號「神功」。長安三年德感等人在光宅寺造七寶臺，流傳至今的七寶臺造像有三十五件，其中有七件是十一面觀音造像。[32]

31　《中國古代寫本識語集錄》，東京大學東洋文化研究所 1990 年版，第647 條第 235頁。

32　王惠民：《武則天時期的密教造像》，《藝術史研究》創刊號，1999 年。顏娟英：《唐代十一面觀音圖像與信仰》，臺灣大學佛學研究中心《佛學研究中心學報》第 11 期，2006 年。

（2）武則天時期，三階教受阻，敦煌也不太平，甚至瓜州刺史李無虧（637-694）也戰死沙場，[33]這段時期不大可能建造弘揚三階教思想的洞窟。

（3）此窟下限還可參考北壁觀無量壽經變，因為這鋪觀無量壽經變沒有「未生怨」「十六觀」的條幅畫。我們知道，武則天時期或之前，敦煌的觀無量壽經變多數沒有條幅畫「未生怨」「十六觀」，如第三三一、三三五窟。中宗時期開始，觀無量壽經變多數畫出「未生怨」「十六觀」的條幅畫，如第二一七窟。[34]

三階教是信仰西方淨土的，初唐唐臨《冥報記》卷上記載信行弟子僧邕預感信行去世，遂從太白山趕往長安，「明早入城，至真寂寺，而信行昨夜昏時氣絕，寺僧怪問邕來。答曰：『在山遙見多人持香花幡蓋，從西來入開遠門，向真寂寺，邕疑禪師欲去，故來也。昨夜昏時，見禪師導從西去，顧與邕別，故知不及也。』」既然信行死時西方有人來迎接信行西去，可證三階教信仰西方淨土。僧邕的弟子德美也信仰西方淨土，《續高僧傳》卷二九本傳記：「武德之始，創立會昌，又延而住，美乃於西院造懺悔堂，像設嚴華，堂宇宏麗，周廊四注，復殿重敞。誓共含生，斷諸惡業。鎮長禮悔，潔淨方等。凡欲進具，必先依憑，蕩滌身心，方登壇位……又年經秋夏，常行徒跣，恐蹈蟲蟻，慈濟意也。或行般舟，一夏不坐。或學止過，三年不言。或效不

---

33 李無虧墓於 2002 年在西安近郊發現，參王團戰《大周沙州刺史李無虧墓及徵集到的三方唐代墓誌》，《考古與文物》2004 年第 1 期。王惠民：《李無虧墓誌跋》，《敦煌研究》2004 年第 5 期。

34 雖然第四三一窟與第三二一窟在分期上歸於同期（第 2 期），但年代似乎要早些，窟內的觀經變較特殊，未生怨、十六觀始於北壁、經西壁而止於南壁，這種形式也是初創時期的特徵。關於唐前期敦煌的觀經圖像，請參閱王惠民《敦煌淨土圖像研究》相關章節，佛光山文教基金會 2003 年版。

輕，通禮七眾。或同節食，四分之一。如斯雜行，其相紛綸。即目略
舒，尤難備舉。生常輟想，專固西方，口誦彌陀。終於命盡。以貞觀
十一年十二月二十六日，合掌稱佛，卒於寺院，春秋六十三矣。乃送
於南山鴟鳴阜，後又收骸，於梗梓谷起塔，弟子等樹碑於會昌寺，侍
中於志寧為文。」三階教寺院也畫有觀無量壽經變，《寺塔記》卷上「常
樂坊趙景公寺」條記載：「隋開皇三年置，本日弘善寺，十八年改焉。
南中三門裡東壁上，吳道玄白畫地獄變，筆力勁怒，變狀陰怪，睹之
不覺毛悚。三階院西廊下，范長壽畫西方變及十六對事、寶池。池猶
妙絕，諦視之，覺水入深。壁院門上白畫樹石，頗似閻立德，予攜立
德《行天詞粉本》驗之無異。西中三門裡門南，吳生畫龍及刷天王須，
筆跡如鐵。有執爐天女，竊眸欲語。」關於三階教與西方淨土信仰的關
系，已有學者進行了研究。[35]

　　八世紀初，《十輪經》依然流行。《宋高僧傳》卷二四「思睿傳」
記載「釋思睿，姓王氏，太原人也。夙通禪理，復貫律宗；慈悲仁讓，
忤無慍容。睿素嬰羸療，乃立志法筵，專祈藥上，恪勤不懈。尋見感
徵，忽心力勇銳，辯猶瓶注。因誦《十輪經》，日徹數紙，翌日倍之，
後又倍之，自爾智刃不可當矣。開元中，杖錫嵩少問道。時義福禪師
禪林密緻，造難其人。一言相入，若石投水。既飲甘露，五載而還。
跌坐居定，日不解膝。遠邇擊問，求其玄理，如堵牆焉。春秋六十
六，卒於所住院。」據碑林博物館藏開元二十四年（736）立的嚴挺之
《大智禪師碑銘》，義福曾在開元年間兩次到嵩洛，第一次是十三年
（725）至東都，十五年放還長安。第二次是二十一年（733），二十四

35　參閱：Zhiru, *The Ksitigarbha Connection*: A Missing Piece in the Chinese History of Pure La-
　　nd Buddhism, SCEAR (*Studies of Central and East Asian Religions*) 12 / 13，Feb. 2001. 劉
　　長東：《論隋唐三階教與淨土教的關係》，（四川大學）《新國學》第 2 輯，2000 年。
　　廖明活：《淨土宗與三階教的對論——從懷感談起》，《華林》2002 年第 2 輯。

年五月於此滅化。既然思睿從學五年，只能是第一次時期，因為後來義福不足五年就去世了。思睿既為大智高足，當屬於北宗。思睿早年習《十輪經》，而後轉向禪宗，是否與三階教禁斷有關呢？

較有可能的是，第三二一窟當建於武則天之後，即中宗或稍後，晚不過開元年間三階教之禁（721、725）。至於它的粉本是否來自敬愛寺，待考。

2. 關於地獄變

第三二一窟十輪經變中出現了地獄圖像，對我們重新認識地獄變提供了新的材料。

《歷代名畫記》卷三記東都敬愛寺「山亭院十輪經變、華嚴經（變），並武靜藏畫。龍王面上蜥蜴及懷中所抱雞，尤妙」。卷九記載劉行臣在敬愛寺山亭院西壁畫《鬼神抱野雞》（即卷三武靜藏所畫「龍王面上蜥蜴及懷中所抱雞」，畫面當相同，張彥遠將作者混淆），這幅《鬼神抱野雞》也許也是十輪經變內容之一，即地藏菩薩為化度需要，「或作師子身；或作虎狼身；或作象身、馬身；或作水牛身；或作種種鳥身」。卷三記載上都大雲寺「三階院窗下曠野雜獸，似是張孝師畫」。在三階院畫的曠野雜獸或許也是上述十輪經變內容。至少敦煌第三二一窟十輪經變中的地獄圖是依據這段經文畫出的。

畫史記載許多地獄變，關於地獄變的由來，《歷代名畫記》卷九張孝師傳記載：「張孝師，下品。為驃騎尉，尤善畫地獄，氣候幽默。孝師曾死復甦，具見冥中事，故備得之。吳道玄見其畫，因號為地獄變。」這些記載是有問題的，因為《地獄變》是吳道子見畫定名，而非張孝師自己命名。若張孝師見地獄後所畫，為何連他自己也不知道叫「地獄變」？現在看來張孝師畫的「地獄變」有可能來自當時流行的《十輪經》。

　　《歷代名畫記》卷三記載上都寺院中，慈恩寺有「張孝師畫地獄變」。寶刹寺有「陳靜眼畫地獄變」。淨域寺「三階院東壁張孝師畫地獄變，杜懷亮書榜子」。景公寺「吳畫地獄」，化度寺「楊廷光、楊仙喬畫本行經變，盧楞伽畫地獄變，今殘兩頭少許耳」。淨法寺「殿後張孝師畫地獄變」，東都寺院中，福先寺「三階院吳畫地獄變，有病龍最妙」。

　　按：景公寺有三階院，《寺塔記》卷上記該寺「三階院西廊下，范長壽畫西方變及十六對事、寶池」。並記該寺有「吳道玄白畫地獄變」。

　　又按：淨域寺是著名的三階教寺院，該寺法藏禪師（637–714）曾在武則天時期兩度奉敕檢校化度寺、大福先寺的無盡藏（詳上）。

　　此前我們知道地獄圖像主要分為：1. 單獨的地獄變，如麥積山西魏第一二七窟地獄變。2. 六道圖像中的地獄圖像，包括盧舍那佛袈裟中六道圖像中的地獄圖像（如敦煌北周第 428 窟）、地藏圖像中的六道圖像和獨立的六道圖像。3. 觀無量壽經變中的地獄變，如敦煌初唐第四三一窟和盛唐第一七一窟南壁、北壁的觀無量壽經變。後兩類地獄圖像內容不多，似乎不需要用榜題來說明。張孝師在淨域寺畫的地獄變，需要杜懷亮來書榜子，由此推測這鋪地獄變是有一些情節的。

　　這些地獄變主要二個特點：一是較多地分布在三階教寺院（淨域寺、化度寺以及各寺的三階院）；二是張孝師、吳道子為主要畫家。《歷代名畫記》卷三記載敬愛寺「山亭院十輪經變、華嚴經（變），並武靜藏畫。」但卷九又記山亭院有地獄變：「武靜藏，善畫鬼神，有氣韻。東都敬愛寺東山亭院地獄變，畫甚妙。」敦煌壁畫上的華嚴經變多達二十九鋪，但其中沒有出現地獄圖像，我們依據第三二一窟十輪經變圖像，有理由懷疑山亭院所畫的地獄變與十輪經變有關。

　　一九六五年敦煌文物研究所在加固崖面時發現第三二一窟前室西壁門南有建窟時畫的一鋪地獄變，現存二鬼卒、刀山等，原貌已難恢

復，所以我們不能肯定是否依據《十輪經》繪製。需要關注的是，敬愛寺山亭院除有十輪經變外，也有地獄變。這與第三二一窟是一種巧合，還是與三階教有關？值得進一步研究。

3. 入畫內容所表現的主題

粗略以一方榜題一個情節計算，第三二一窟有七八十個情節，第七四窟十輪經變也有二十多個情節，畫面很多，內容龐雜，是否較全面反映《十輪經》八卷十五品呢？否，目前已知入畫僅有序品第一、諸天女問四大品第二、發問本業斷結品第三、灌頂喻品第四、剎利旃陀羅現智相品第六等品（若以玄奘譯本論，只有序品、十輪品和剎利旃陀羅現智相品），何以故？原來此經與地藏信仰有關的內容主要集中在這幾品，而前兩品所宣揚的救苦救難、四十五現身，更與《法華經·觀世音菩薩普門品》類似，可謂「地藏菩薩普門品」。所以，敦煌十輪經變的性質是相當明顯的，就是宣揚地藏的功德，而其他內容則被有意省略。

也就是說，十輪經變的主題是地藏信仰，在唐前期的敦煌地藏圖像中，大多數地藏與觀音對應。[36]由於觀音信仰極其強盛，此後的地藏信仰中，與觀音信仰一致的救苦救難、變化身等神格讓位於觀音，地藏信仰則走向另一條個性化發展道路，即側重於地獄救度，出現大量六道、十王等圖像，僅存於敦煌的兩鋪十輪經變是地藏信仰的一個里程碑。

（原標題《敦煌 321 窟、74 窟十輪經變考釋》，曾在 2004 年 8 月舉辦的「敦煌研究院成立 60 週年學術討論會」上宣讀，刊於《藝術史研究》第 6 卷，2004 年 12 月。2008 年 6 月出版的《奈良美術研究》第 7 號發表修訂稿的日文版）

36　王惠民：《唐前期敦煌地藏圖像考察》，《敦煌研究》2005 年第 3 期。

地域文化研究叢書・敦煌文化研究叢刊　A0204016

敦煌佛教圖像研究　下冊

作　　者　王惠民
版權策畫　李煥芹
責任編輯　曾湘綾

發 行 人　林慶彰
總 經 理　梁錦興
總 編 輯　張晏瑞
編 輯 所　萬卷樓圖書股份有限公司
臺北市羅斯福路二段 41 號 6 樓之 3
電話　(02)23216565
傳真　(02)23218698

出　　版　昌明文化有限公司
桃園市龜山區中原街 32 號
電話　(02)23216565

發　　行　萬卷樓圖書股份有限公司
臺北市羅斯福路二段 41 號 6 樓之 3
電話　(02)23216565
傳真　(02)23218698
電郵　SERVICE@WANJUAN.COM.TW

ISBN 978-986-496-489-5
2020 年 8 月初版二刷
2019 年 3 月初版
定價：新臺幣 360 元

如何購買本書：

1. 轉帳購書，請透過以下帳戶
　　合作金庫銀行　古亭分行
　　戶名：萬卷樓圖書股份有限公司
　　帳號：0877717092596

2. 網路購書，請透過萬卷樓網站
　　網址　WWW.WANJUAN.COM.TW

大量購書，請直接聯繫我們，將有專人為您
服務。客服：(02)23216565　分機 610

如有缺頁、破損或裝訂錯誤，請寄回更換
版權所有・翻印必究

Copyright©2020 by WanJuanLou Books CO., Ltd.
All Rights Reserved　　　　Printed in Taiwan

國家圖書館出版品預行編目資料

敦煌佛教圖像研究 下冊 / 王惠民著. -- 初版.
-- 桃園市：昌明文化出版；臺北市：萬卷
樓發行, 2019.03
　冊；　公分
ISBN 978-986-496-489-5(下冊：平裝)

1.敦煌學 2.石窟藝術 3.佛像

224.6　　　　　　　　　　　108003218

本著作物經廈門墨客知識產權代理有限公司代理，由浙江大學出版社有限責任公司授權
萬卷樓圖書股份有限公司發行中文繁體字版版權。
本書為真理大學產學合作成果。　　　　　　　　校對：鄭淳丰／臺灣文學系四年級